民法（債権法）改正の解説

法務省民事局民事第二課長
（元民事局参事官）　村　松　秀　樹
〔著〕
法務省民事局付　脇　村　真　治

発行　テイハン

は　し　が　き

第189回国会（平成27年通常国会）に提出され，継続審議となっていた「民法の一部を改正する法律案」及び「民法の一部を改正する法律の施行に伴う関係法律の整備等に関する法律案」は，平成29年5月26日に法律として成立し，同年6月2日に平成29年法律第44号及び第45号として公布された。両法律は，一部の例外を除いて，令和2年（2020年）4月1日から施行される。

民法のうち債権関係の規定については，明治29年（1896年）に制定されて以来，実質的な見直しがほとんど行われていなかったが，この改正は，その制定以来の社会・経済の変化への対応を図るとともに，民法を国民一般に分かりやすいものとするとの観点から，121年ぶりに，この債権関係の規定を全般的に見直すものであり，社会一般に与える影響は少なくないものと考えられる。

そこで，この「民法の一部を改正する法律」及び「民法の一部を改正する法律の施行に伴う関係法律の整備等に関する法律」について，その概要をコンパクトにまとめた解説を登記研究第847号から第854号までにかけて連載した（民法（債権法）改正の解説(1)～(8)）ところであるが，今般，これを一体化した上で，法務省令の制定等を踏まえた若干の加筆・修正を行ったところである。

登記実務等において参考になれば幸いである。

なお，筆者らは，法務省において立案事務を担当した者であるが，本稿中意見にわたる部分は筆者らの個人的見解であることをあらかじめお断りしたい。

令和元年７月

法務省民事局民事第二課長（元民事局参事官）　村　松　秀　樹

法務省民事局付　脇　村　真　治

民法（債権法）改正の解説

目　次

第1　改正の経緯

1　改正の背景と法制審議会における審議の経緯

民法のうち債権関係の規定については，その制定以来，実質的な見直しがほとんど行われておらず，概ね制定当時の規定内容のままであった(注1)。この間における我が国の社会・経済情勢は，取引量が劇的に増大するとともに，取引の内容が複雑化・高度化する一方で，情報伝達の手段が飛躍的に発展したことなど，様々な面において著しく変化している。このような変化に対しては，これまで，民法の特則を定めた法律を制定すること等により対応がされてきたが，取引に関する最も基本的なルールを定めている民法の債権関係の規定についても，この変化に対応させていく必要が生じている。また，裁判実務においては，多数の事件について民法を解釈・適用する中で，膨大な数の判例が蓄積されてきている。さらに，確立した学説上の考え方が実務で広く受け入れられ，解釈の前提となっているものも多い。しかし，それらの中には，条文からは必ずしも容易に読み取ることのできないものも少なくないため，法律の専門家でない国民一般にとっては，民法が定める基本的なルールが分かりにくい状態となっていた。

このような状況を踏まえ，平成21年10月28日，法務大臣から法制審議会に対し，民法のうち債権関係の規定について，契約に関する規定を中心に見直しを行うことを内容とする諮問がされ(注2)，これを受けて，法制審議会に民法（債権関係）部会（部会長：鎌田薫早稲田大学総長）が設置された。この部会では，同年11月から平成27年２月までの５年余りにわたり，合計99回の会議及び合計18回の分科会が開催され，審議が重ねられた。審議の第１段階では，まず審議の対象とすべき改正項目を整理する議論が行われ，その成果は，平成23年４月に「民法（債権関係）の改正に関する中間的な論点整理」として取りまとめられ，１回目のパブリック・コメント手続が実施されるとともに，その頃，関係諸団体からのヒアリングも行われた。第２段階では，様々な改正項目についての内容の検討や取捨選択が行われ，平成25年２月に，具体的な改正提案を中間的にまとめた「民法（債権関係）の改正に関する中間試案」が取りまとめられ，２回目のパブリック・コメント手続が実施された。以上のような経緯を経て，最終的な成案を得るための第３段階に入り，平成26年８月に，実質的な改正内容を固める目的で「民法（債権関係）の改正に関する要綱仮案」が取りまとめられた(注３)。その後は，なお意見対立が残っていた定型約款を中心に審議が続けられ，平成27年２月10日，定型約款も含む形で部会としての最終案である「民法（債権関係）の改正に関する要綱案」が全会一致で取りまとめられた。そして，同月24日，法制審議会において，この要綱案どおりの内容で「民法（債権関係）の改正に関する要綱」が全会一致で決定され，法務大臣に答申がされた。

(注１)　この間，第１編「総則」については，平成11年に成年後見

制度の見直しによる改正が，平成18年に公益法人制度改革に伴う改正がそれぞれ行われ，第２編「物権」については平成15年に担保・執行法制の見直しによる改正などが行われた。また，第４編「親族」及び第５編「相続」については，昭和22年（1947年）に，家制度の廃止等を内容とする大幅な改正が行われている。これに対し，第３編「債権」については，平成16年に保証に関して部分的な見直しが行われたほかは，これまで実質的な見直しが行われたことはなく，概ね制定当時の規定内容のまま現在に至っている。なお，平成16年の保証に関する改正と同時に，第１編から第３編までの条文の表記を片仮名・文語体から平仮名・口語体に改める改正（現代語化）が行われている。第４編及び第５編についての現代語化は，上記の昭和22年改正の際に実施済みである。

（注２） 今般の法改正に係る法制審議会への諮問（第88号）の内容は，次のとおりである。

「民事基本法典である民法のうち債権関係の規定について，同法制定以来の社会・経済の変化への対応を図り，国民一般に分かりやすいものとする等の観点から，国民の日常生活や経済活動にかかわりの深い契約に関する規定を中心に見直しを行う必要があると思われるので，その要綱を示されたい。」

（注３） この要綱仮案の取りまとめは，経過措置を含めた条文化の作業や，関係法律の整備法案の作成には相当の時間を要すると見込まれたために行われた。最終的な要綱案の決定に先立って，この要綱仮案の決定をもって実質的な改正内容を固め，条文化作業や経過措置の検討等を進めておくことで，その検討過程で新たな問題が判明するなどした場合に，これについて部会で再検討を行

うことが可能となるようにしたものである。

２　民法改正法案等の国会提出と国会における審議

この「民法（債権関係）の改正に関する要綱」に基づいて最終的な法案作成作業が行われ，平成27年３月31日，「民法の一部を改正する法律案」及び「民法の一部を改正する法律の施行に伴う関係法律の整備等に関する法律案」が第189回国会（常会）に提出された。もっとも，同国会と第190回・第191回国会では，審議がされないまま継続審議とされた。

⑴　衆議院における審議

平成28年秋の第192回国会（臨時会）では，同年11月16日から衆議院法務委員会における審議が開始された。同国会においては，両法案は，審議未了により継続審議とされたが，続く平成29年の第193回国会（常会）においては，若干の技術的修正[注４]が行われた上で，同年４月12日に衆議院法務委員会で賛成多数で可決された[注５][注６]。両法案は，同月14日には衆議院本会議で賛成多数で可決され，参議院に送付された。

（注４）　両法案は，平成27年３月に国会に提出したものであったため，例えば，民法の一部を改正する法律案の附則中で成立後のこの法律に言及する必要がある場合には，同年中の成立を見越してその法律番号は「平成二十七年法律第　　号」と記載されていた。しかし，その成立が遅れたため，例えば，民法の一部を改正する

法律案附則第15条第２項中の「民法の一部を改正する法律（平成二十七年法律第　　号）」との記載部分を「民法の一部を改正する法律（平成二十九年法律第　　号）」に改めるなどの技術的な修正が行われたものであり，内容面にわたる修正が行われたものではない。

（注５） 民進党・無所属クラブからは，民法の一部を改正する法律案について修正案が提出された。この修正案は，①いわゆる暴利行為を無効とする規定を設けること，②個人が債務者となる書面によらない契約により生じた少額の債権について消滅時効期間を２年とする特例を設けること，③中間利息控除に用いる利率を政府案の年３％ではなく年２％とするなどすること，④事業のために負担した貸金等債務に係る保証契約等については，原則として無効とするとともに，例外的に認めることとするもののうち，事業との関係性に照らして保証人の要保護性が特に高いもの（個人事業主の配偶者や事業承継予定者など）について公証人による保証意思確認の手続の対象とすること，⑤定型約款の変更における合理性の要件の考慮要素として変更の程度，相手方側の事情を追加すること等を内容とするものであったが，賛成少数で否決された。

（注６） 衆議院法務委員会においては附帯決議が付されている。その内容は，以下のとおりである。

政府は，本法の施行に当たり，次の事項について格段の配慮をすべきである。

一　他人の窮迫，軽率又は無経験を利用し，著しく過当な利益を獲得することを目的とする法律行為，いわゆる「暴利行為」は公序良俗に反し無効であると明示することについて，本法施行後の状況を勘案し，必要に応じ対応を検討すること。

二　職業別の短期消滅時効等を廃止することに伴い，書面によらない契約により生じた少額債権に係る消滅時効について，本法施行後の状況を勘案し，必要に応じ対応を検討すること。

三　中間利息控除に用いる利率の在り方について，本法施行後の市中金利の動向等を勘案し，必要に応じ対応を検討すること。

四　個人保証人の保護の観点から，以下の事項について留意すること。

１　いわゆる経営者等以外の第三者による保証契約について，公証人による保証人になろうとする者の意思確認の手続を求めることとした趣旨を踏まえ，保証契約における軽率性や情義性を排除することができるよう，公証人に対しその趣旨の周知徹底を図るとともに，契約締結時の情報提供義務を実効的なものとする観点から，保証意思宣明公正証書に記載すること等が適切な事項についての実務上の対応について検討すること。

２　保証意思宣明公正証書に執行認諾文言を付し，執行証書とすることはできないことについて，公証人に対し十分に注意するよう周知徹底するよう努めること。

３　個人保証の制限に関する規定の適用が除外されるいわゆる経営者等のうち，代表権のない取締役等及び「主たる債務者が行う事業に現に従事している主たる債務者の配偶者」については，本法施行後の状況を勘案し，必要に応じ対応を検討すること。

4　我が国社会において，個人保証に依存し過ぎない融資慣行の確立は極めて重要なものであることを踏まえ，事業用融資に係る保証の在り方について，本法施行後の状況を勘案し，必要に応じ対応を検討すること。

五　定型約款について，以下の事項について留意すること。

1　定型約款に関する規定のうち，いわゆる不当条項及び不意打ち条項の規制の在り方について，本法施行後の取引の実情を勘案し，消費者保護の観点を踏まえ，必要に応じ対応を検討すること。

2　定型約款準備者が定型約款における契約条項を変更することができる場合の合理性の要件について，取引の実情を勘案し，消費者保護の観点を踏まえ，適切に解釈，運用されるよう努めること。

六　消滅時効制度の見直し，法定利率の引下げ，定型約款規定の創設，また，個人保証契約に係る実務の大幅な変更など，今回の改正が，国民各層のあらゆる場面と密接に関連し，重大な影響を及ぼすものであることから，国民全般に早期に浸透するよう，積極的かつ細やかな広報活動を行い，その周知徹底に努めること。

(2)　参議院における審議

両法案については，衆議院に引き続き，平成29年4月20日から参議院法務委員会における審議が開始され，同年5月25日に参議院法務委員会で賛成多数で可決された(注7)。そして，両法案は，同月26日には参議院本会議で賛成多数で可決され，法律として成立し，同年６月２日に公布された。

（注７）　参議院法務委員会においても附帯決議が付されている。その内容は，以下のとおりである。

政府は，本法の施行に当たり，次の事項について格段の配慮をすべきである。

一　情報通信技術の発達や高齢化の進展を始めとした社会経済状況の変化による契約被害が増加している状況を踏まえ，他人の窮迫，軽率又は無経験を利用し，著しく過当な利益を獲得することを目的とする法律行為，いわゆる「暴利行為」は公序良俗に反し無効であると規定することについて，本法施行後の状況を勘案し，必要に応じ対応を検討すること。

二　職業別の短期消滅時効等を廃止することに伴い，書面によらない契約により生じた少額債権に係る消滅時効について，本法施行後の状況を勘案し，必要に応じ対応を検討すること。

三　法定利率が変動した場合における変動後の法定利率の周知方法について，本法施行後の状況を勘案し，必要に応じた対応を検討すること。

四　中間利息控除に用いる利率の在り方について，本法施行後の市中金利の動向等を勘案し，必要に応じ対応を検討すること。

五　個人保証人の保護の観点から，以下の取組を行うこと。

１　いわゆる経営者等以外の第三者による保証契約について，公証人による保証人になろうとする者の意思確認の手続を求めることとした趣旨を踏まえ，保証契約における軽率性や情義性を排除することができるよう，公証人に対しその趣旨の周知徹底を図るとともに，契約締結時の情報提供義務を実効的なものとする観点から，保証意思宣明公正証書に記載すること等が適切な事項についての実務上の対応について検討すること。

2　保証意思宣明公正証書に執行認諾文言を付し，執行証書とすることはできないことについて，公証人に対し十分に注意するよう周知徹底するよう努めること。

3　個人保証の制限に関する規定の適用が除外されるいわゆる経営者等のうち，代表権のない取締役等及び「主たる債務者が行う事業に現に従事している主たる債務者の配偶者」については，本法施行後の状況を勘案し，必要に応じ対応を検討すること。

4　我が国社会において，個人保証に依存し過ぎない融資慣行の確立は極めて重要なものであることを踏まえ，個人保証の一部について禁止をする，保証人の責任制限の明文化をする等の方策を含め，事業用融資に係る保証の在り方について，本法施行後の状況を勘案し，必要に応じ対応を検討すること。

六　譲渡禁止特約付債権の譲渡を認めることについては，資金調達の拡充にはつながらないのではないかという懸念や，想定外の結果が生じ得る可能性があることを踏まえ，更に幅広い議論を行い，懸念等を解消するよう努めること。

七　定型約款について，以下の事項について留意すること。

1　定型約款に関する規定のうち，いわゆる不当条項及び不意打ち条項の規制の在り方について，本法施行後の取引の実情を勘案し，消費者保護の観点を踏まえ，必要に応じ対応を検討すること。

２　定型約款準備者が定型約款における契約条項を変更することができる場合の合理性の要件について，取引の実情を勘案し，消費者保護の観点を踏まえ，適切に解釈，運用されるよう努めること。

八　諾成的消費貸借における交付前解除又は消費貸借における期限前弁済の際に損害賠償請求をすることができる旨の規定は，損害が現実に認められる場合についての規定であるところ，金銭消費貸借を業として行う者については，資金を他へ転用する可能性が高いことを踏まえれば，基本的に損害は発生し難いと考えられるから，その適用場面は限定的であることを，弱者が不当に被害を受けることを防止する観点から，借手側への手厚い周知はもちろん，貸手側にも十分に周知徹底を図ること。

九　諾成的消費貸借における交付前解除又は消費貸借における期限前弁済の際に損害賠償請求をすることができる旨の規定については，本法施行後の状況を踏まえ，必要に応じ対応を検討すること。

十　消滅時効制度の見直し，法定利率の引下げ，定型約款規定の創設，また，個人保証契約に係る実務の大幅な変更など，今回の改正が，国民各層のあらゆる場面と密接に関連し，重大な影響を及ぼすものであることから，国民全般，事業者，各種関係公的機関，各種の裁判外紛争処理機関及び各種関係団体に早期に浸透するよう，積極的かつ細やかな広報活動を行い，その周知徹底に努めること。

十一　公証人の果たす役割が今後更に重要となることに鑑み，本法施行後の状況も踏まえつつ，公証人及び公証役場の透明化及び配置の適正化，公証役場の経営状況の把握，民間等多様な人材の登用等，公証制度が国民に更に身近で利用しやすいものとなるよう努めること。

十二　消費者契約法その他の消費者保護に関する法律について検討を加え，その結果に基づいて所要の措置を講ずること。

第２　改正法の概観

１　見直しの対象

民法には，第１編「総則」，第２編「物権」，第３編「債権」，第４編「親族」及び第５編「相続」の全５編があるが，今回の改正は，債権関係の規定，その中でも，取引社会を支える最も基本的な法的インフラである契約に関する規定を中心に見直しを行うものであり，第３編「債権」の規定のほか，債権との関わりの深い規定であって第１編「総則」に配置されているもの（意思表示，消滅時効など）についても見直しの対象としている[注８]。なお，第３編「債権」の規定のうち事務管理，不当利得，不法行為に関する規定（民法第697条～724条）は基本的に見直しの対象とはしていないが，不法行為に基づく損害賠償における中間利息控除の割合及びその長期・短期の権利行使期間については，法定利率及び消滅時効等に関する改正と密接に関連するため，見直しの対象としている。

（注８）　改正法においては，「民法（債権関係）の改正に関する要綱」に基づく債権関係の規定の見直しと併せて，電子記録債権を根抵当権の担保すべき債権とすることができることについても規定を整備している（新法第398条の２等）。このほか，民法第２編及び第５編の若干の関係規定についても，債権関係の規定の見直しを踏まえた整備をしている。

2　編別構成及び規定の配置等

法制審議会の民法（債権関係）部会における審議の過程では，民法の編別構成及び規定の配置について，この機会に抜本的な見直しをすることを提案する意見などもあった。しかし，今回の改正に係る法制審議会への諮問では，債権関係の規定という範囲での見直しが求められており，物権，親族及び相続に関する規定を見直すものではないこと，民法の規定の中には長年にわたる運用の歴史を経てその条番号が法律実務の関係者等に深く浸透をしているものがあるため，その配置が大幅に変更され，条番号に変更が生ずると不便が生ずると考えられること等を踏まえ，改正法においては，編別構成の変更や規定の配置の抜本的な変更は行われなかった[注9]。

なお，平成27年3月の改正法案提出時点での民法本則の条の総数は1103か条である[注10]が，改正法は，このうち257か条について改正を行っており（単純な条番号のみの変更，条の全部削除などを含む。），枝番号を付して新設した条の数は85か条である。したがって，今般の改正で何らかの変更が行われた条の合計は342か条である。

（注9）　例えば，債務不履行による損害賠償の規定が第415条であることや，不法行為の基本規定が第709条であることは深く浸透していると考えられるが，改正法においては，新設規定を挿入する際に枝番（新法第412条の2など）を用いるなどして，そのような規定の条番号を変更しないようにしている。

（注10）　枝番号の規定や「第○条　削除」とされて欠番になっている規定を含む。

３　改正項目の概観

改正法における改正項目は，大きく分けると，①社会・経済の変化への対応という観点からのものと，②民法を国民一般に分かりやすいものとする観点からのものとに分かれる。①社会・経済の変化への対応の観点からの改正は，実質的なルールを変更するものであるのに対し，②民法を国民一般に分かりやすいものとする観点からの改正は，従前の判例や一般的な解釈を明文化するものであり，実質的なルールを変更するものではない。

社会・経済の変化への対応の観点からの改正項目のうち主要なものとしては，①消滅時効（職業別の短期消滅時効の特例の廃止と原則的な時効期間の見直し），②法定利率（法定利率の引下げ及び緩やかな変動制の導入），③保証（事業性融資の保証についての公証人による保証意思確認手続の導入），④債権譲渡（譲渡制限特約の効力の見直し）及び⑤定型約款（定型約款に関する規定の新設）の５項目を挙げることができる。

他方で，民法を国民一般に分かりやすいものとする観点からの改正項目は，極めて多岐にわたるが，例えば，①意思能力に関する判例（意思能力を有しない者がした法律行為は無効）の明文化，②将来債権の譲渡の判例（将来債権の譲渡が可能である）等の明文化，③賃貸借終了時の原状回復義務・敷金に関する基本的なルールの明文化がある。

４　整備法の内容

民法の一部を改正する法律の施行に伴う関係法律の整備等に関する法律では，民法における語句の見直しに伴って他法律の語句を置き換えるといった形式的な改正（例えば，時効の中断・停止の概念を時効の完成猶予・更新に再構成したことに伴い，他法律の用語を変更するもの）が多く行われているが，民法の見直しを踏まえて商事法定利率の廃止（旧商法第514条）や商事消滅時効の廃止（旧商法第522条）を行うなどの実質的な改正も行われており，合計221本の法律（法案提出の時点では合計216本であったが，衆議院における法案の技術的な修正（前記（注４）参照）によって，その対象本数が増加している。）について改正をしている。

なお，民法の一部を改正する法律及び民法の一部を改正する法律の施行に伴う関係法律の整備等に関する法律の施行に伴う関係政令の整備に関する政令（平成30年政令第183号）が，平成30年６月１日閣議決定され，同月６日公布されたが，同政令によって，合計32本の政令についても，語句を置き換えるといった形式的な改正が行われている。

また，法定利率に関し，「民法第404条第３項に規定する期及び同条第５項の規定による基準割合の告示に関する省令」（令和元年法務省令第１号）が，制定され，令和元年５月８日に公布された。

第3　民法総則に関する改正の内容

1　意思能力（新法第３条の２）

新法は，判例・通説に従い，意思能力を有しない者がした法律行為は無効とする旨を明文化している（新法第３条の２）。意思能力の具体的な意味や判断基準については引き続き解釈に委ねられている。なお，旧法下においては，意思無能力を理由とする「無効」は，意思能力を有しない者の側の関係者のみからしか主張することができないものと解されていた。新法においては，意思能力を有しない者がした法律行為は「取消し」が可能であるとせず，「無効」としているが，引き続き，このような解釈がされることを前提としている。

2　公序良俗（新法第90条）

旧法第90条は，公序良俗に反する「事項を目的とする」法律行為は，無効とし，その文言上は，法律行為の内容（＝目的）が公序良俗に反するものを対象としていた。しかし，判例は，法律行為の内容だけでなく，その法律行為が行われる過程その他の事情も広く考慮して，当該法律行為を無効とするか否かを判断しており，法律行為の内容それ自体が公序良俗に反しない場合であっても，公序良俗を理由に法律行為を無効とすることを認めていた。そこで，新法は，このような判断の枠組みを条文上より明らかなものとするため，「事項を目的とする」という文言を削除し，端的に「公序良俗に反する法律行為」を無効としている（新法第90条）。

３　意思表示

意思表示に関する主な改正事項は，次のとおりである。

⑴　心裡留保（新法第93条）

心裡留保に関しては，従前の一般的な解釈に従い，心裡留保による意思表示が無効となる要件の表現を見直し，「相手方がその意思表示が真意ではないことを知り，又は知ることができたとき」に無効とするとしたほか（新法第93条第１項），判例の趣旨を踏まえ，心裡留保による意思表示を信頼した第三者の保護規定を新設し，善意の第三者を保護するとしている（同条第２項）。

⑵　錯誤（新法第95条）

錯誤に関しては，判例を踏まえて，錯誤による意思表示の効力を否定するための要件を見直し，イ）意思表示が錯誤に基づくものであり，かつ，ロ）その錯誤が法律行為の目的及び取引上の社会通念に照らして重要なものであるとの要件を充たさなければ，意思表示の効力を否定することができないとしている（新法第95条第１項）。また，錯誤を表示の錯誤（意思表示に対応する意思を欠く錯誤）と動機の錯誤（表意者が法律行為の基礎とした事情についてのその認識が真実に反する錯誤）の類型とに区別して規定を設けた上で，判例を踏まえ，動機の錯誤は，「その事情が法律行為の基礎とされていることが表示されていた」場合，すなわち，意思表示の動機となった事情が契約の当然の前提となるなど法律行為の基礎とされ，その旨が表示されたといえる場合に限り，認められるとしている（同項及び同条第２項)。基本的に，旧法下の判例を維持する趣旨である。

また，錯誤による意思表示の効果を無効から取消しに改めている（同条第１項)。旧法下の判例は錯誤による意思表示の無効は原則として表意者のみが主張することができるとしており，この点では取消しと類似していたこと，より表意者の帰責性が乏しい詐欺について意思表示の効力を否定することができる期間は「取消し」であるため制限されていたこと（民法第126条）などを考慮したものである。

また，錯誤が表意者の重大な過失による場合であっても，①相手方が表意者に錯誤があることを知り，又は重大な過失によって知らなかったとき，あるいは，②相手方が表意者と同一の錯誤に陥っていたときは，例外的に錯誤による意思表示を取り消すことができるとしている(新法第95条第３項)。

さらに，錯誤による意思表示を信頼した第三者の保護規定を新設し，善意・無過失の第三者を保護するとしている（同条第４項)。

⑶　詐欺・強迫（新法第96条）

第三者による詐欺を理由に意思表示を取り消すための要件につき，表意者保護の観点から，第三者が詐欺を行ったことを相手方が知っていた場合だけでなく，相手方が知ることができたときにも，表意者はその意思表示を取り消すことができるとしている（新法第96条第２項)。

また，詐欺による意思表示を信頼した第三者の保護規定の要件を改め，善意・無過失の第三者を保護するとしている（新法第96条第３項）。なお，強迫については第三者の保護に関する規定を設けていないが，これは強迫については強迫をされた表意者の保護を優先し，第三者の保護は図らないという趣旨に基づくものである。

(4)　意思表示の効力発生時期（新法第97条）

旧法第97条第１項は，隔地者に対する意思表示は，その通知が相手方に到達した時からその効力を生ずると規定していたが，新法においては，一般的な解釈に従い，対話者に対する意思表示についても，その通知が相手方に到達した時からその効力が生ずるとしている（新法第97条第１項）。

また，意思表示の効力の発生に関して，意思表示の到達が妨げられた場合に関する規定を新設し，相手方が正当な理由なく意思表示の通知が到達することを妨げたときは，その通知は，通常到達すべきであった時に到達したものとみなすとしている（新法第97条第２項）。

(5)　意思表示の受領能力（新法第98条の２）

相手方がその意思表示を受けた時に意思能力を有しなかったときは，その意思表示をもって相手方に対抗することができないとしている（新法第98条の２本文）。ただし，後になって相手方に法定代理人が選任された場合や，意思能力を回復した相手方が意思表示の内容を認識した場合には，意思表示の効力を相手方に及ぼすべきであるから，相手方の法定代理人又は意思能力を回復した相手方が意思表示を知った後は，その意思表示をもって相手方に対抗することができるとしている（同条ただし書）。

4　代理

代理に関する主な改正事項は，次のとおりである。

(1)　代理行為の瑕疵（新法第101条）

代理行為には，代理人が意思表示をする場合と，代理人が相手方の意思表示を受ける場合とがあるが（民法第99条），代理行為の瑕疵を定める旧法第101条は，両者を区別せず規定していた。新法においては，代理人が意思表示をする場合と代理人が相手方の意思表示を受ける場合とを区別して規定を整理している（新法第101条第1項・第2項）。

また，旧法は，特定の法律行為をすることを委託された場合において，代理人が「本人の指図に従ってその行為をした」ときには，本人は，自ら知っていた事情について代理人が知らなかったことを主張することができないなどとしていた（旧法第101第2項）。しかし，公平の観点から，一般に，「本人の指図に従ってその行為をした」ことは要件としては必要でないと解されており，判例も同様に解していた。

そこで，新法においては，この文言を削除し，特定の法律行為をすることを委託された代理人がした行為については，本人は，自ら知っていた事情については，代理人が知らなかったことを主張することができないなどとしている（新法第101条第３項）。

⑵　代理人の行為能力（新法第102条）

旧法は，制限行為能力者（未成年者，成年被後見人，被保佐人及び民法第17条第１項の審判を受けた被補助人をいう。）が他人の代理人としてした行為は行為能力の制限の規定によって取り消すことができないとしており（旧法第102条），保佐人の同意を要する行為（取消しの対象となる行為）としても他人の代理行為を挙げていなかった（旧法第13条第１項参照）。しかし，制限行為能力者が「他の制限行為能力者」の法定代理人である場面においても制限行為能力者の代理行為の取消しができるとした方が「他の制限行為能力者」の保護がより図られる。また，この場面においては，「他の制限行為能力者」が自ら代理人を選任しているものでもなく，これを自らの責任と評価することもできない。

そこで，新法では，制限行為能力者が「他の制限行為能力者」の法定代理人としてした行為については，新法第102条本文の規定を適用しないこととし（同条ただし書），行為能力の制限の規定に従ってその行為を取り消すことができるとするとともに，制限行為能力について定める規定についても所要の改正（新法第13条第１項第10号，民法第17条第１項ただし書参照）をしている（なお，取消権者については，下記５⑴参照）。

ただし，そもそも，制限行為能力者が他の制限行為能力者の法定代理人として行為をすることができない場合には，この取消しの規定が適用される余地がない。例えば，未成年者はその子の親権を行使することができず，その行為は子に当然に帰属しない（無効）と解されている（民法第833条，第867条参照。成年被後見人又は被保佐人がその子の親権を行使することができるのかについても，議論がある。)。

⑶　復代理人を選任した代理人の責任（旧法第105条）

旧法第105条は，復代理人を選任した任意代理人が本人に対して負う責任を選任・監督責任に軽減（限定）していたが，任意代理人が復代理以外の方法で第三者を用いる場合にはその責任は当然には軽減（限定）されないことと均衡を欠くという問題があった。そこで，新法は，この規定を削除し，任意代理人は，債務不履行責任の一般原則に従って責任を負うとしている。なお，やむを得ない事由により復代理人を選任した法定代理人が本人に対して負う責任を軽減（限定）する規定（旧法第106条）については，実質的な改正はされていない（新法第105条）。

⑷　復代理人の権限等（新法第106条）

旧法においては，復代理人は，代理人と同一の権利を有し，義務を負うとされていたが（旧法第107条第２項），復代理人が代理人から与えられた権限が，代理人が本人から与えられた権限の一部に過ぎない場合には，復代理人の権利や義務は，代理人が本人から与えられた権限のうち，復代理人が代理人から与えられた権限の範囲内にとどまるものと解されていた。そこで，新法においては，「その権限の範囲内において」との文言を加え，そのことを明文化している（新法第106条第２項）。

⑸　代理権の濫用（新法第107条）

代理権が濫用的に行使された場合（代理人が自己又は第三者の利益を図るために代理権の範囲内の行為をした場合）について，旧法下の判例は，効果が本人に帰属するのが原則であるとしつつ，相手方がその代理人の意図を知り，又は知ることができたときは，心裡留保に関する旧法第93条ただし書を類推適用し，その行為は効力を生じないとしていた。そこで，新法では，この判例の趣旨を踏まえて代理権の濫用に関する規定を新設し，代理人が自己又は第三者の利益を図る目的で代理権の範囲内の行為をした場合において，その行為の相手方がその目的を知り，又は知ることができたときは，その行為は無権代理行為とみなすとしている（新法第107条）。また，その効果を「無効」ではなく，「無権代理行為とみなす」としているが，これは，代理権を濫用した代理人が，相手方に対して無権代理人の責任を負うようにし，かつ，代理権を濫用された本人が必要に応じてその行為を追認することで，効果を自己に帰属させることができるようにするためである。

⑹　利益相反取引（新法第108条）

利益相反行為の典型例である自己契約又は双方代理をした場合の効果について，判例に従い，無権代理行為とみなされることを文言上も明確化するとともに（新法第108条第１項），これら以外の利益相反行為についても，判例の趣旨を踏まえつつ，同様の規律が及ぶ旨を明文化している（同条第２項）。

⑺　代理権消滅後の表見代理（新法第112条）

旧法第112条は，「代理権の消滅は，善意の第三者に対抗することができない」と規定していた。この「善意」については，同条所定の表見代理が成立するには，代理行為の時点において相手方が代理権が存在しないことを知らないことで足りると解する見解もあったが，同条の趣旨は，代理権の存続を信頼した相手方を保護するために表見代理として本人が責任を負うことを定めたものとの理解を踏まえて，過去には存在した代理権が消滅した事実を知らなかったことであることを明確にすべく，その文言を整理し，「善意」との文言を「代理権の消滅の事実を知らなかった」と改めている（新法第112条）。

⑻　表見代理規定の重畳適用（新法第109条・第112条）

表見代理に関し，判例は，①代理権授与の表示はされたものの代理権を有しない者が表示された代理権の範囲外の行為をした場合や，②代理人であった者が代理権消滅後において過去に有していた代理権の範囲外の行為をした場合に関して，表見代理について定めた各規定の重畳適用によって本人がその責任を負うとしていた。そこで，新法においては，この法理を明文化している（新法第109条第２項，第112条第２項）。

⑼　無権代理人の責任（新法第117条）

無権代理人の責任に関して，無権代理人と取引の相手方の公平を図るため，無権代理人が代理権を有しないことを相手方が過失によって知らなかったときであっても，自己に代理権がないことを知っていた無権代理人は新法第117条第１項の規定による無権代理人の責任を負うとしている（同条第２項第２号ただし書）。

５　無効及び取消し

無効及び取消しに関する主な改正事項は，次のとおりである。

⑴　取消権者（新法第120条）

新法においては，制限行為能力者が本人である他の制限行為能力者の法定代理人としてした行為について，当該制限行為能力者の行為能力の制限を理由とする取消しをすることができるとしているが（上記４⑵参照），その趣旨からすれば，実際に行為をした制限行為能力者だけでなく，本人に当たる「他の制限行為能力者」もその行為の取消しができるとするのが相当である。そこで，新法においては，制限行為能力者が本人である他の制限行為能力者の法定代理人としてした行為については，本人である「他の制限行為能力者」及びその承継人等も取り消すことができるとしている（新法第120条第１項）。

⑵　原状回復の義務（新法第121条の２）

旧法には，無効な行為や取り消されて無効とみなされた行為に基づいて債務が履行されていた場合に，当事者が果たすべき義務については，特別の規定は設けられていなかった。不当利得の一般規定（民法第703条，第704条）がそのまま適用されると考えることも可能であるが，一つの契約から生じた結果の清算であることからすれば，有効な契約が解除によって解消され清算する場合と同様に，当事者双方の義務が相互に関連するものとして処理をする方が合理的である。そこで，新法では，不当利得の一般規定に対する特則として，無効な行為等に基づいて債務の履行を受けた者は，原則として相手方を原状に回復させる義務を負う旨の規定を新設している（新法第121条の２第１項）。

もっとも，贈与契約など無効な行為等が無償行為であった場合には，無効であったこと等を知らない当事者に原状回復義務まで負わせるのは行き過ぎであり，不当利得の一般規定が適用される場合と同様に現存利益の限度で返還の義務を負えばよいと考えられるため，無効な行為等が無償行為であって，給付を受けた者が，給付を受けた当時，その行為が無効であること等を知らなかったときには，例外的に，その返還義務の範囲は「現に利益を受けている限度」にとどまるものとしている（新法第121条の２第２項）。

また，制限行為能力者の返還義務を定めた旧法第121条ただし書（新法第121条の２第３項後段）と同様に，意思能力を有しない者の保護を図る観点から，行為時に意思能力を有しなかった者の返還義務の範囲も，例外的に「現に利益を受けている限度」にとどまるとしている(同項前段)。

なお，上記のとおり，新法第121条の２第１項は，不当利得の一般規定に対する特則であるから，その更なる特則として，別途，不法原因給付（民法第708条）の規定が適用され得る。例えば，詐欺等の犯罪行為の被害者が取消権を行使した後においては，詐欺等がそれ自体刑法に抵触する行為であり，「不法な原因」に該当すると考えられるため，加害者から交付された目的物については，被害者は，民法第708条により原状回復義務に基づく返還義務を負わないと考えられる。

(3)　追認と第三者の権利（旧法第122条ただし書）

旧法第122条ただし書は，取り消すことができる行為の追認によって第三者の権利を害することはできないとしていた。もっとも，追認は，有効に成立していたが取り消す余地のある行為によって生じていた法律関係を取り消すことができないと確定させるものにすぎず，追認によって第三者との関係で新たな法律関係を生ずることはない。そのため，この規定は，一般に，意味のない規定であると解されていたことから，新法においては，「追認によって第三者の権利を害することはできない」との規定を削除している（新法第122条)。

(4)　追認の要件（新法第124条）

追認の要件に関して，追認は取消権を有することを知った後にしなければその効力を生じないとする判例を踏まえ，その旨を明確化している（新法第124条第１項）。なお，旧法第125条の法定追認に関して，法定追認は取消権者が取消権を有することを知った後に法定追認事由が生ずることが必要かという解釈上の問題点があったが，新法においても，この点については引き続き解釈に委ねられており取消権者が取消権を有することを知っていたことは基本的に不要であるとの従前の判例が否定されたということではない（旧法第125条の冒頭の「前条の規定により」との文言を削っているのは，このためである。）。民法第126条の取消権の期間制限の始期（追認をすることができる時）に関しても同様の問題があるが，これも解釈に委ねられている。

また，行為能力制限を理由とした取消しに関して，法定代理人等が追認をするときのほか，制限行為能力者（成年被後見人を除く。）が法定代理人等の同意を得て追認をするときにも，制限行為能力者の保護は図られているから，取消しの原因となっていた状況が消滅していることを要しないとしている（新法第124条第２項第２号）。

６　条件（新法第130条）

条件に関し，旧法下の判例の趣旨に従い，旧法第130条の想定するケースとは逆のケースである条件の成就により利益を受ける当事者が不正に条件を成就させた場合について，相手方は，その条件が成就しなかったものとみなすことができるとしている（新法第130条第２項）。

７　時効

時効に関する主な改正事項は，次のとおりである。なお，時効については，民法第３編に規定がある不法行為に関する改正も行われている。

⑴　消滅時効の援用権者（新法第145条）

新法においては，従前の判例の趣旨を踏まえて，「消滅時効による権利の消滅について正当な利益を有する者」も「当事者」に含まれることを明らかにするとともに，これに含まれることに異論のない保証人，物上保証人及び第三取得者を例示している（新法第145条）。

⑵　時効の完成猶予・更新の概念への再構成

旧法における時効の「中断」は，その代表的な事由である裁判上の請求を見ると，時効が完成すべき時が到来しても時効の完成が猶予されるという「完成猶予」の効果と，時効期間の経過が無意味なものとなり，新たに零から時効期間を進行させる「更新」の効果を有していた。しかし，旧法は，これらの効果を「中断」として表現しているため，用語の意味内容が理解しにくかった。また，例えば，債務者が権利の存在を「承認」した場合には「更新」の効果のみが生ずるが，履行の「催告」は「完成猶予」の効果のみが生ずるなど，中断事由の中には，時効の「完成猶予」の効果と「更新」の効果のいずれか一方が生ずるにとどまるものもあった。他方で，旧法における時効の「停止」については，その効果は停止事由の発生によって時効の完成が猶予されることにあるが，「停止」という表現では，あたかも時効期間の進行自体が途中で止まり，停止事由が消滅した後に残存期間が再度進行するかのような誤解を生みがちであり，用語の意味内容が理解しにくかった。

そこで，新法においては，時効の中断及び停止について，その効果に着目して，時効の「完成猶予」（猶予事由が発生しても時効期間の進行自体は止まらないが，本来の時効期間の満了時期を過ぎても，所定の期間を経過するまでは時効が完成しないという効果を意味する。）と「更新」（更新事由の発生によって進行していた時効期間の経過が無意味なものとなり，新たに零から進行を始めるという効果を意味する。）という二つの概念で再構成している（新法第147条～第161条）。併せて，仮差押え及び仮処分は完成猶予の効果のみを有するとし，権利実現手続の一翼を担う財産開示手続等を新たに完成猶予・更新事由とするなどの整理を行っている（下記(3)ｂ，ｃ参照）。

なお，時効の完成猶予・更新の概念は消滅時効に限らず，取得時効にも適用される。

(3)　具体的な時効の更新事由・停止事由

新法における時効の完成猶予事由と更新事由は，つぎのとおりである。

ａ　裁判上の請求等（新法第147条）

①裁判上の請求，②支払督促，③裁判上の和解・民事調停・家事調停，④破産手続参加・再生手続参加・更生手続参加のいずれかの事由が生ずると，まずは，

時効の完成が猶予される（新法第147条第１項）。これらの各事由に係る裁判手続において，確定判決又は確定判決と同一の効力を有するものによって権利が確定したときは，各事由の終了まで時効の完成が猶予された上で（新法第147条第１項），その事由の終了の時において時効の更新が生じ，時効期間が新たにその進行を始める（同条第２項）。他方で，確定判決等による権利の確定に至ることなく中途で各事由が終了した場合には時効の更新は生じないが，「裁判上の催告」に関する判例等を踏まえ，その終了の時から６箇月を経過するまでは，引き続き時効の完成が猶予される（同条第１項括弧書き部分）。

b　強制執行等（新法第148条）

①強制執行，②担保権の実行，③形式競売，④財産開示手続のいずれかの事由が生ずれば，その事由の終了まで，時効の完成が猶予され（新法第148条第１項），その上で，その事由の終了の時において時効の更新が生じ，その終了の時から時効期間は新たにその進行を始める（同条第２項）。ただし，申立ての取下げ又は法律の規定に従わないことによる取消しによってその事由が終了したときは，時効の更新は生じないが，その終了の時から６箇月を経過するまでは，引き続き時効の完成が猶予される（同条第１項括弧書き部分）。

なお，民事執行法及び国際的な子の奪取の民事上の側面に関する条約の実施に関する法律の一部を改正する法律（令和元年法律２号）による改正により，新設された民事執行法第204条に規定する第三者からの情報取得手続が，財産開示手続と同様に，時効の完成猶予事由とされている（同改正法による改正後の民法第148条第１項第４号）。

c　仮差押え等（新法第149条）

①仮差押え，②仮処分のいずれかの事由があれば，その事由が終了した時から６箇月を経過するまでの間は，時効の完成が猶予される（新法第149条）。他方で，旧法とは異なり，仮差押え又は仮処分の各事由には，時効の更新の効果はない。仮差押えや仮処分は，その手続の開始に当たって債務名義を取得する必要はなく，後に裁判上の請求によって権利関係が確定することが予定されているものであって，その権利の確定に至るまで債務者の財産等を保全する暫定的なものに過ぎないからである。もっとも，新法の下でも，仮差押え等に引き続いて本案訴訟が提起された場合には，裁判上の請求に該当し，確定判決によって時効の更新が生ずるため，実質的には大きな違いはない。

d　催告（新法第150条）

新法においては，催告（裁判上の催告については前記ａ参照）があったときは，その時から６箇月を経過するまでの間は，時効の完成は猶予される（新法第150条第１項）。もっとも，判例を踏まえ，催告によって時効の完成が猶予されている間にされた再度の催告は，時効の完成猶予の効力を有しない（同条第２項）。また，協議を行う旨の合意（下記ｅ参照）によって時効の完成が猶予されている間にされた催告も，再度の催告と同様に，時効の完成猶予の効力を有しない（新法第151条第３項）。

ｅ　協議を行う旨の合意（新法第151条）

新法においては，権利についての協議を行う旨の合意が書面又は電磁的記録でされたときは，所定の期間，時効の完成が猶予される（詳細については，下記⑷参照）。

ｆ　承認（新法第152条）

権利の「承認」があったときは，時効の更新が生じ，その時から時効期間は新たにその進行を始める（新法第152条第１項）。承認については，実質的な改正は行われていない。

ｇ　未成年者等，夫婦間の権利，相続財産，天災等（新法第158条から第161条まで）

新法においては，旧法において時効の停止事由とされていたもの（旧法第158条から第161条まで）は，時効の完成猶予事由とされている（新法第158条から第161条まで）。なお，天災等による時効の完成猶予期間については，完成猶予の期間の延長をしている（下記⑸参照）。

⑷　協議を行う旨の合意による完成猶予（新法第151条）

旧法の下においては，当事者が権利をめぐる争いを解決するための協議を継続していても，時効の完成が迫ると，完成を阻止するためだけに訴訟の提起や調停の申立てなどの措置をとらざるを得ず，そのことが当事者間における自発的で柔軟な紛争解決の障害となっていた。新法では，当事者間において権利についての協議を行う旨の合意が書面又は電磁的記録によりされた場合には，以下のとおり，時効の完成が猶予される旨の規定を新設している（新法第151条）。

a　完成猶予の要件

(a)　権利についての協議を行う旨の合意

時効の完成猶予が認められるためには，単に権利についての協議をしているという事実状態のみでは足りず，当事者間で協議を行う旨の合意がされていなければならない（新法第151条第１項）。具体的には，問題とされている債権の存否や内容について協議を行う旨の合意がされていることが必要である。

(b)　書面又は電磁的記録

上記(a)の合意は，書面又は電磁的記録によってされなければならない（新法第151条第１項・第４項）。なお，ここでいう「書面」又は「電磁的記録」には，当事者双方の意思が表れていることが必要である。

(c)　催告との関係

協議を行う旨の合意は，催告によって時効の完成が猶予されている間にされても，時効の完成猶予の効力を有しない（新法第151条第３項）。

b　完成猶予の期間等

(a)　期間

協議を行う旨の合意によって時効の完成が猶予される期間は，①合意時から１年経過時，②合意において１年未満の協議期間を定めた場合はその期間の経過時である。①又は②の経過時までに，協議の続行を拒絶する旨の書面又は電磁的記録による通知がされた場合には，通知の時から６箇月経過時か①又は②の経過時のいずれか早い時点まで，時効の完成が猶予される（新法第151条第１項・第５項）。

(b)　再度の合意

協議を行う旨の合意によって時効の完成が猶予されている間に，再度書面又は電磁的記録で協議を行う旨の合意がされれば，その合意の時点から上記(a)に従って時効の完成が更に猶予される（新法第151条第２項本文）。もっとも，このような場合でも本来の時効の完成すべき時から通算して５年を超えて完成が猶予されることはない（同項ただし書）。

(5)　天災等による時効の完成猶予の期間の長期化（新法第161条）

旧法の停止制度の下で，天災等による時効の完成猶予の期間は，時効中断のための障害が消滅してから２週間とされていたが，この２週間という期間は大規模な災害を想定すると短すぎることから，新法では，３箇月間に改めている（新法第161条）。

⑹　職業別短期消滅時効・商事消滅時効の廃止及び原則的時効期間の見直し（新法第166条）

旧法は，債権に関し，原則として権利を行使することができる時から10年で時効消滅するとしつつ（旧法第167条第１項），その特例として，例えば，弁護士の報酬債権は２年，医師の診療債権は３年とするなど，一定の職種ごとに１年から３年までの短期消滅時効を定めていた（旧法第170条～第174条）。しかし，取引が極めて複雑・多様化した現代社会においては，これらの細かな特例が存することにより，どの規定が適用されるのかを確認する手間がかかり，適用の誤りや規定の見落としの危険も生ずる上，多様な職業の出現等により，特例の合理性自体が疑われる状況が生じていた。また，旧商法第522条は，早期決済を可能にする趣旨から，商行為によって生じた債権については消滅時効期間を５年と定めていたが，例えば，株式会社である銀行の貸付債権には同条が適用されるが，信用金庫は商人でないからその貸付債権には同条は適用されず，民法によって10年とされるなど，その判断も容易でなく，差を設ける合理性も疑われる状況にあった。そこで，新法においては，この短期消滅時効の特例及び商事消滅時効を廃止し，その上で，これに伴う時効期間の大幅な長期化を避けるため，「権利を行使することができることを知った時から５年間行使しないとき」には，消滅時効によって債権は消滅する旨の主観的起算点からの消滅時効の規定を追加し，「債権者が権利を行使することができることを知った時から５年間行使しないとき」又は「権利を行使することができる時から10年間行使しないとき」のいずれかの事由があったときに，債権は，時効によって消滅するとしている（新法第166条第１項）。契約に基づく債権については，自己の権利の内容を契約時から認識しているのが通常であるから，基本的に，主観的起算点からの消滅時効により，「債権者が権利を行使することができることを知った時から５年間行使しないとき」に債権は消滅することになる。「５年間行使しない」ことが要件とされているため，権利行使が可能な状態で５年が経過することが必要であり，例えば，契約で定められた履行期が到来していない状態では，時効期間は進行しない。

(7)　定期金債権及び定期給付債権の消滅時効（新法第168条）

a　定期金債権

旧法第168条は，定期金債権は，第１回の弁済期から20年間行使しないとき，又は最後の弁済期から10年間行使しないときは，時効によって消滅すると規定していた。そして，支分権である定期給付債権について弁済がされたときは，定期金債権について債務者の承認があったものと理解し，その弁済による承認の時点から定期金債権について新たに時効期間が進行すると考えるのが一般的であったが，新法においては，支分権である定期給付債権の不行使によって基本権である定期金債権が時効消滅するという構成を採ることとし，定期金債権の20年の消滅時効については，各定期給付債権を行使することができる時から起算することに改め，他方，「最後の弁済期」から10年という定期金債権の消滅時効については，その規定を削除している（新法第168条第１項第２号）。

また，通常の債権については主観的起算点及び客観的起算点からの２つの消滅時効期間が置かれたこと（前記(6)参照）等を踏まえ，支分権である定期給付債権を行使することができることを知った時から10年間行使しないときにも，定期金債権は時効によって消滅するとしている（新法第168条第１項第１号）。

b　定期給付債権

旧法は，定期給付債権のうち年又はこれより短い時期によって定めた金銭その他の給付を目的とするものについては，その時効期間を５年とする特例を設けていたが（旧法第169条），新法では，債権の消滅時効に関して，「権利を行使することができる時」から10年という旧法の時効期間に加えて，「権利を行使することができることを知った時」から５年という時効期間を設けていること（前記(6)参照）を踏まえ，旧法第169条を削除し，定期給付債権にも債権の消滅時効に関する原則的な規定を適用している。

(8)　生命・身体侵害による損害賠償請求権の消滅時効期間の伸長（新法第167条・新法第724条の２）

生命や身体に関する利益は，一般に，財産的な利益等の他の利益と比べて保護すべき度合いが強く，生命・身体について深刻な被害が生じた後，債権者は，通常の生活を送ることが困難な状況に陥るなど，時効完成の阻止に向けた措置を速やかに行うことを期待することができないことも少なくない。そこで，新法では，生命・身体の侵害による損害賠償請求権（債務不履行又は不法行為に基づいて生ずる。）について，証拠の散逸による反証の困難性から債務者とされた者を救うという時効の持つ機能にも配慮しつつ，合理的な範囲で長期化する観点から，債務不履行に基づく場合には権利を行使することができる時から10年間という時効期間を20年間とし（新法第167条），不法行為に基づく場合には損害及び加害者を知った時から３年間という時効期間を５年間としている（新法第724条の２）。すなわち，生命・身体侵害による損害賠償請求権については，その根拠が債務不履行であっても，不法行為であっても，主観的起算点からの時効期間は５年間となり，客観的起算点からの時効期間は20年間となる（不法行為における長期の権利消滅期間の法的性質については，下記(9)参照）。

(9)　不法行為の損害賠償請求権の長期の権利消滅期間の法的性質の変更（新法第724条）

旧法第724条後段の長期の権利消滅期間について，判例はこれを除斥期間を定めたものであると解していた。しかし，除斥期間は，消滅時効期間と異なり，①時効の中断・停止（更新・完成猶予）の規定の適用がないため，期間の経過による権利の消滅を阻止することはできず，また，②除斥期間の適用に関しては信義則違反や権利濫用の主張ができないと解されていたため，長期間にわたって加害者に対する損害賠償請求をしなかったことに真にやむを得ない事情があると認められる事案においても，被害者の救済を図ることができないおそれがあった。そこで，新法においては，この長期の権利消滅期間の法的性質を除斥期間ではなく消滅時効期間としている（新法第724条第２号）。これにより，①被害者は，加害者に対する債権が時効によって消滅することを防ぐための措置をとることが可能になるほか，②債権が時効消滅したと加害者側が主張しても，裁判所は，個別の事案における具体的な事情に応じて，加害者側からの時効の援用の主張が信義則違反や権利濫用になると判断することが可能になることから，被害者の救済を図る余地が広がることになる。例えば，性犯罪の被害者の有する債権について，被害者が若年であるケースなどで加害者から周囲に被害を申告しないよう圧力がかけられていたといった事例では，加害者からの消滅時効の援用の主張が信義則違反等に当たるとされることがあり得るものと考えられる。

第4　債権総論に関する改正の内容

1　法定利率

法定利率に関する主な改正事項は，次のとおりである。

(1)　法定利率の引下げ（新法第404条等）

旧法の下で，法定利率は，利息，遅延損害金のほか，将来の逸失利益に係る損害賠償額を算定する際の中間利息の控除等に用いられていたが，民法制定以来，年５％のまま一度も変更されていなかった（旧法第404条等）。しかし，昨今の超低金利の情勢の下で，法定利率が市中金利を大きく上回っているために，債務者が支払う遅延損害金等の額が不当に多額なものとなる一方で，中間利息の控除の場面では不当に賠償額が抑えられる結果となり，当事者間の公平を害する結果が生じていた。そのため，これを引き下げる必要があったが，その引下げ幅を検討するに当たっては，貸金債権等の利息を算定する場面（新法第404条第１項参照）はもちろんのこと，契約に基づく債務や不法行為に基づく債務その他の金銭債務の遅延損害金を算定する場面（新法第419条第１項参照）でも他から金銭を調達するときの利息分が主な損害として想定されるため，預金金利などではなく貸出金利の水準を参照するのが適切である。さらに，法定利率の適用場面は様々であるため，借り手が大企業や中小企業である場合だけでなく一般消費者である場合の貸出金利の水準も広く考慮に入れる必要があることを踏まえて検討する必要があるほか，遅延損害金の額が低くなりすぎると債務の不履行を助長する結果となりかねないとの指摘があり，これまで約120年にわたり年５％で実務運用がされてきたこととのバランスも考慮する必要があるとの指摘もあった。新法においては，以上の様々な事情を総合的に判断するとともに，簡明な数値とする必要性なども勘案して，法定利率にまつわる仕組みは基本的にそのまま維持することを前提としつつ，法定利率をまずは年３％に引き下げている（新法第404条）。

⑵　変動制の導入（新法第404条第３項～第５項）

上記⑴のとおり，新法においては，法定利率を年３％に引き下げているが，市中金利は今後とも大きく変動する可能性があるため，仮に法定利率を法律で年３％に固定してしまうと，将来，法定利率と市中金利が大きく乖離する事態が再び生ずるおそれがある。このような事態への対応としては，将来の更なる法改正に委ねることも考えられるが，法定利率の数値は，関係者間の利益対立が先鋭化する事柄であるため，むしろ，合理的な変動の仕組みを予め法律で定めておき，それに従って機械的に法定利率が変動する仕組みを導入しておくのが適切であると考えられる。もっとも，市中金利の短期的あるいは微細な変動に連動して法定利率が頻繁に変動すると，それに対応するための社会的コストが非常に大きなものとなるため，変動の頻度は緩やかなものとするのが相当である。そこで，新法においては，金利の一般的動向を示す一定の数値を指標とし，その数値が大きく変動した場合に，法定利率をその変動に合わせて緩やかに上下させる「緩やかな変動制」を採用している（新法第404条）。その具体的な内容は，次のとおりである（新法第404条第３項〜第５項，改正法附則第15条第２項）。

①　法定利率は，法務省令で定めるところにより，３年を１期とし，１期ごとに，②及び③の基準により変動する。

法務省令（民法第404条第３項に規定する期及び同条第５項の規定による基準割合の告示に関する省令（令和元年法務省令第１号））により，最初の期は，令和２年４月１日から令和５年３月31日までとされている（同省令第１条）。期は３年ごととされているから（新法第404条参照），その次の期は令和５年４月１日から令和８年３月31日までになり，その次の期は令和８年４月１日から令和11年３月31日までとなるなど，各期の始期は令和２年４月１日を基準に３年ごとに，期の終期は令和５年３月31日を基準に３年ごとに訪れることとなる。

②　直近変動期（法定利率の数値に実際に変動があった期のうち直近のものをいう。ただし，新法施行後最初の変動があるまでは，新法の施行後最初の期をいう。）の「基準割合」と当期における「基準割合」との差に相当する割合を，直近変動期における法定利率に加算し，又は減算する。ただし，その差の１％未満の端数

は，切り捨てる。

③　ある期における「基準割合」とは，法務省令で定めるところにより，過去５年間（各期の初日の属する年の６年前の年の１月から前々年の12月までの各月）における短期貸付けの平均金利（当該各月において銀行が新たに行った貸付期間が１年未満の貸付けに係る利率の平均）の合計を60で除して計算した割合（0.1％未満の端数は切り捨て）として法務大臣が告示するものをいう。

告示は，前記法務省令により，各期の初日の一年前までに，官報によりされる（同省令第２条）。もっとも，最初の期（令和２年４月１日から令和５年３月31日まで）の基準割合の告示は，平成31年３月31日ではなく，新法及び前記法務省令の施行後（施行日は，令和２年４月１日）速やかにされる（同省令附則第２条）。

⑶　利息・遅延損害金と法定利率（新法第404条第１項・第419条）

法定利率の変動制の導入に伴い，それぞれの法律関係において，いつの時点における法定利率を用いるのかを定める必要が生じた。そこで，新法においては，利息の算定に当たっては利息が生じた最初の時点における法定利率を用いるとし，遅延損害金の算定に当たっては債務者が遅滞の責任を負った最初の時点における法定利率によるとしている（新法第404条第１項・第419条）。このように，法定利率については変動制が導入されたが，ある債権について適用される利率が変動する「変動利率」となったわけではない。債務全額を支払うまでの間に法定利率に変動があったとしても，適用される利率には変動が生じないことに注意を要する。

(4)　中間利息控除と法定利率（新法第417条の２・第722条第１項）

旧法下の判例は，将来において取得すべき利益や将来負担すべき費用を現在価値に換算するために控除すべき中間利息の割合は，民法所定の法定利率の割合によらなければならないとしていた。新法においても，この判例の枠組みを維持することとしたが，法定利率の変動制の導入に伴い，いつの時点における法定利率を用いるのかを定める必要が生じたため，中間利息控除の基準時についての新たな規定を設け，この中間利息控除は損害賠償請求権の発生時の法定利率の割合によってするとしている（新法第417条の２・第722条第１項）。一般的な不法行為を前提とする限り，損害賠償請求権の発生時は不法行為時（事故時）であり，後遺症による逸失利益を含めて不法行為時（事故時）の法定利率によって中間利息控除を行うことになる。

なお，新法は，現在の損害額認定に関する損害賠償実務を変更する趣旨を含むものではなく，上記の限度で法定利率の数値を変更しようとするにすぎない。

(5)　商事法定利率の廃止（旧商法第514条）

法定利率の変動制を採用したことを踏まえ，民法の法定利率に１％を上乗せしていた商事法定利率制度については，合理性に乏しいものとして，廃止している（旧商法第514条の削除）。

２　債権の目的

債権の目的に関する主な改正事項は，次のとおりである。

⑴　善管注意義務（新法第400条）

旧法第400条は，特定物の引渡債権の債務者は善良な管理者の注意をもってその物を保存する義務（善管注意義務）を負うと規定していたが，実務においては，その義務の内容や程度は，個々の取引関係における個別の事情と無関係に客観的かつ一律に定まるのではなく，契約の性質，契約の目的，契約の締結に至る経緯等の債権の発生原因となった契約に関する諸事情を考慮し，併せて，取引に関して形成された社会通念をも勘案して判断されている。そこで，新法においては，このような判断の枠組みを明らかにする趣旨で，善管注意義務について規定する旧法第400条に「契約その他の債権の発生原因及び取引上の社会通念に照らして定まる」との文言を加えている（新法第400条）。

⑵　選択債権（新法第410条）

旧法においては，①選択債権の目的である数個の給付の中に不能のものがある場合には，残存する給付が債権の目的となるが（旧法第410条第１項），②選択権を有しない当事者の過失によって債権の発生後に給付が不能となったときは，このルールを適用しないとされていた（同条第２項）。しかし，数個の給付の中に不能のものがある場合であっても，残存する給付が当然には債権の目的とならないとするのが合理的であり，例外的に，給付の不能が選択権者の過失によるときには，旧法と同様に残存する給付が当然に債権の目的となるとすべきである。そこで，新法においては，給付の不能が選択権者の過失によるものであるときに限り，残存する給付が債権の目的となる旨を規定するとしている（新法第410条）。これにより，新法では，いずれの当事者の過失にもよらないで給付が不能となった場合の取扱いが変わっている。

なお，選択債権の目的である給付の中に不能のものがあるときには，初めから不能であるときと，後に至って不能となったときがあるが，新法においては，これらを区別しておらず，選択権者は，原則として，後に至って不能となった給付だけでなく，初めから不能である給付も選択することができる（契約に基づく債務の履行が契約の成立時に不能（原始的不能）である場合の債務不履行に基づく損害賠償については，下記３⑵参照）。

３　債務不履行の責任等

債務不履行の責任等に関する主な改正事項は，次のとおりである。

⑴　不確定期限と履行遅滞（新法第412条）

旧法は，債務者は不確定期限が到来したことを知った時から遅滞の責任を負う旨を規定しているのみであったが，新法においては，一般的な解釈に従い，債務者は，不確定期限が到来したことを知らなくても，期限到来後に履行の請求を受けた時から遅滞の責任を負う旨を明文化している（新法第412条第２項）。

⑵　履行不能（新法第412条の２）

履行不能に関する基本的な規律を明文化するため，債務の履行が契約その他の債務の発生原因及び取引上の社会通念に照らして不能であるときには，債権者は，その債務の履行を請求することができない旨の規定を新設している（新法第412条の２第１項）。

また，旧法下においては，傍論ではあるが，契約に基づく債務の履行が契約の成立時に不能（原始的不能）の場合には，そもそも契約は無効とした判例があったが，この結論に従うと，債務不履行に基づく損害賠償請求をすることができないことになる。しかし，履行不能となったのが契約の成立の前か後かは，単なる偶然やごく僅かな時間差によって左右される事柄である。それにもかかわらず，債務の履行が契約の成立前に不能であったというだけで債務不履行に基づく損害賠償請求をすることができないとすると，債権者の救済の在り方がバランスを欠く結果となりかねない。そこで，新法は，契約に基づく債務の履行が原始的不能である場合であっても，当該契約はそのことをもって直ちに無効とはならないとすることを前提に，この場合にも債務不履行に基づく損害賠償請求をすることは妨げられない旨を明記している（新法第412条の２第２項）。なお，債務の履行が不能であるにもかかわらず，契約が締結されていることから，動機の錯誤（新法第95条）を理由に契約が取り消される可能性はあり，このことまで，この規定によって否定されるものではない。

(3)　受領遅滞（新法第413条・第413条の２第２項）

新法では，旧法下の判例及び一般的な解釈に従い，受領遅滞の効果として，①特定物の引渡債権の債務者は，受領遅滞となった後は，善良な管理者の注意（新法第400条）ではなく，自己の財産に対するのと同一の注意をもって目的物を保存すれば足りること（新法第413条第１項），②受領遅滞により増加した債務の履行費用は，債権者の負担となること（同条第２項），③受領遅滞となった後に当事者双方の責めに帰することができない事由によって債務の履行が不能となったときは，その履行不能は債権者の帰責事由によるものとみなされること（新法第413条の２第２項）を明文化している。なお，新法は，受領遅滞の法的性質に関する解釈上の争いについての特定の立場を前提に立案されてはおらず，引き続き解釈に委ねられている。したがって，債権者に帰責事由がない場合にも債権者は受領遅滞の責任を負い，また，債権者が一般には受領義務を負わず，受領遅滞に基づく損害賠償請求及び契約の解除は基本的にすることはできないとする判例の立場が否定されるものではない。

(4)　履行遅滞中の履行不能と帰責事由（新法第413条の２第１項）

一般的な解釈に従い，債務者がその債務について遅滞の責任を負っている間に当事者双方の責めに帰することができない事由によってその債務の履行が不能となったときは，その履行不能は債務者の責めに帰すべき事由によるものとみなす旨を明文化している（新法第413条の２第１項）。

⑸　履行の強制（新法第414条）

旧法第414条には，履行の強制の具体的な方法を定めた規定（同条第２項・第３項）も置かれていたが，債務の履行を強制する具体的な方法に関する規定については手続法である民事執行法に一元的に定めるのが合理的である。そこで，新法では，旧法第414条第２項及び第３項を削除し（新法第414条），その内容を民事執行法第171条第１項各号に移設している。

⑹　債務不履行による損害賠償

ａ　債務不履行と帰責事由（新法第415条第１項）

旧法第415条は，履行不能の場合に限って債務者に帰責事由がない場合には損害賠償の責任を負わない旨を規定していた。もっとも，判例は，履行遅滞など履行不能以外の債務不履行についても債務者に帰責事由がない場合には損害賠償の責任を負わない旨を認めていたことから，この判例の解釈を明文化している（新法第415条第１項）。

また，実務においては，帰責事由の有無は契約その他の債務の発生原因及び取引上の社会通念に照らして判断されていたことから，その旨を明文化している（新法第415条第1項）。なお，帰責事由に関してはこれまでも学説上は様々な見解が提唱されるなどしているが，この改正の趣旨は，従来の実務運用を踏まえ，帰責事由についての判断枠組みを明確化したにとどまるものであり，実務の在り方が変わることは想定されていない。

b　債務の履行に代わる損害賠償（新法第415条第2項）

旧法においては，債務の履行に代わる損害賠償について具体的な規定は設けられていなかった。学説上は，履行不能であるときや，解除（合意解除を含む。）によって債務が消滅した場合に，債権者が債務の履行に代わる損害賠償の請求をすることができることについては，異論がなかったが，新法は，これに加えて，履行期前を含めて債務者がその債務の履行を拒絶する意思を明確に表示したとき（新法第415条第2項第2号）や，債務の不履行による契約の解除権が発生したとき（同項第3号）にも，債権者は債務の履行に代わる損害賠償の請求をすることができるとしつつ，明文の規定を設けている。なお，この規定は不完全な履行がされたにとどまる場合の損害賠償請求を射程に含んではいない。

c　損害賠償の範囲（新法第416条）

特別事情によって生じた損害の賠償について，旧法第416条第2項は，当事者が「その事情を予見し，又は予見することができたとき」には請求することができる旨を規定していたが，一般的には，特別事情を実際に予見したかどうかといった事実は考慮せず，規範的な評価により判断されていると解されていたことから，新法では，当事者が「その事情を予見すべきであったとき」に請求することができるとしている（新法第416条第２項）。

d　賠償額の予定（新法第420条）

旧法第420条第１項後段は，裁判所は当事者間で予定された損害賠償額を増減することができないとしていたが，裁判実務においては公序良俗違反（旧法第90条）等に当たると解される場合には予定された損害賠償額を増減していたことから，これを削除している（新法第420条第１項）。

e　代償請求権（新法第422条の２）

旧法に特段の規定はなかったが，判例は，債務の履行が不能となったのと同一の原因により債務者がその債務の目的物の代償である権利又は利益を取得した場合に，債権者がその権利の移転又は利益の償還を債務者に対して求めることができるという権利（代償請求権）を認めていたことから，これを明文化している（新法第422条の２）。

４　債権者代位権

債権者代位権に関する主な改正事項は，次のとおりである。

⑴　債権者代位権の要件等（新法第423条）

判例や一般的な解釈に従い，債権の保全の必要性があることを要すること，差押禁止債権を代位行使することができないこと，強制執行により実現することのできない債権に基づいて債権者代位をすることができないことを明文化している。また，実際にはあまり利用されていなかった旧法第423条第２項の裁判上の代位制度を廃止している（新法第423条）。

⑵　代位行使の範囲（新法第423条の２）

判例を踏まえ，被代位権利の目的が可分であるときは，自己の債権の額の限度においてのみ，被代位権利を行使することができることを明確にしている（新法第423条の２）。

⑶　債権者への支払又は引渡し（新法第423条の３）

判例を踏まえ，債権者は被代位権利が金銭の支払等を目的とするものであるときは相手方に対して自己（債権者）への直接の支払等を請求することができることを明確にしている（新法第423条の３）。

なお，旧法の下では，判例は，債権者が被代位権利を行使して自ら金銭の支払を受けた場合に，その金銭の返還債務と債務者に対する自己の債権とを相殺することは禁止されないと解しており，批判もあったが，新法においても，このような相殺を禁止する規定は設けられていない。

⑷　相手方の抗弁（新法第423条の４）

一般的な解釈を踏まえ，債権者が被代位権利を行使したときは，その相手方は，債務者に対して有する抗弁を代位した債権者に対抗することができることを明確にしている（新法第423条の４）。

(5)　相手方の取立てその他の処分の権限等（新法第423条の５）

旧法下の判例は，債権者が代位行使に着手して，債務者にその事実を通知し，又は債務者がそのことを了知した場合には，債務者は被代位権利について取立てその他の処分をすることができないとしていた。また，下級審裁判例の中には，債務者による処分が制限されることを前提に，この場合には，相手方は債務者に対して債務の履行をすることもできないとするものもあった。しかし，債権者代位権は，債務者が自ら権利を行使しない場合に限って債権者に行使が認められるものであるから，債権者が代位行使に着手した後であっても債務者が自ら権利を行使するのであれば，それによって責任財産の保全という所期の目的を達成することができる。また，債務者による取立てが制限された結果相手方が債務者に対して債務の履行をすることも禁止されると解した場合には，相手方は債権者代位権の要件が充足されているのかを債務を履行する前に判断しなければならなくなるが，相手方は，その判断に必要な情報を有しているとは限らない。そこで，新法においては，債権者が被代位権利を行使した場合であっても，債務者はその権利について取立てその他の処分をすることができ，相手方も債務者に対して履行することが妨げられないとしている（新法第423条の５）。

(6)　訴訟告知（新法第423条の６）

旧法下においても，債権者が債権者代位訴訟を提起し，認容判決がされた場合には，その判決の効力は，債権者のみならず債務者にも及ぶと解されていたが，旧法下では，債務者にその訴えの存在を認識させ，その審理に参加する機会を保障する制度はなかった。そこで，新法においては，債務者の手続保障を図るため，債権者は，債権者代位に係る訴えを提起したときは，遅滞なく，債務者に対し，訴訟告知をしなければならないとしている（新法第423条の６）。

(7)　登記・登録請求権を保全するための債権者代位権（新法第423条の７）

旧法下の判例は，不動産の譲渡がされた場合において，譲渡人が第三者に対し登記移転請求権を有していながら，その権利を行使せず，その結果，譲受人に登記が移転されないときは，譲受人は，譲渡人に対する登記移転請求権の保全を目的として，譲渡人がその第三者に対して有する登記移転請求権を代位行使することができるとしていた。もっとも，債権者代位権は，本来は，債務者の責任財産一般を保全して強制執行の準備をするための制度であるから，金銭債権の保全を目的とすることが想定されている。このため，登記請求権の保全を目的とする債権者代位権は「転用型の債権者代位権」であって，本来的なものとはその根拠や性質を異にし，要件等についても異なるところがあると解されていた。新法においては，以上を踏まえ，登記・登録請求権の保全を目的とする債権者代位権については，一般の債権者代位権とは別に規定を設けた上で，代位行使の範囲（新法第423条の２）の規定は準用されないことなどを明らかにしている（新法第423条の７）。

５　詐害行為取消権

詐害行為取消権に関する主な改正事項は，次のとおりである。

⑴　詐害行為取消権の一般的な要件（新法第424条）

詐害行為取消権の一般的な要件に関し，一般的な解釈を踏まえ，取消しの対象を「法律行為」から弁済等を含む「行為」に改めている。

また，債権者は自己の債権の発生原因が生ずる前の時点における債務者の財産処分行為にまで介入するのは行き過ぎであることを踏まえ，債権者は，その債権が債務者の当該行為の前の原因に基づいて生じたものである場合に限り，当該行為について詐害行為取消請求をすることができるとしている（新法第424条第３項）。なお，旧法下の判例は，一般的に，被保全債権は債務者の当該行為以前に発生していることが必要であるとしているものと理解されていたが，新法においては，当該行為以前に被保全債権が発生していなくとも原因さえ生じていればよいことになる。

さらに，一般的な解釈に従い，強制執行により実現することのできない債権に基づいて詐害行為取消請求をすることができないとしている（新法第424条第4項）。

⑵　行為類型ごとの要件の特例（新法第424条の2～第424条の4）

旧法の下においては，判例は，例えば，相当の対価を得てした処分行為であっても原則として詐害行為に該当すると解釈するなど，比較的広範に詐害行為該当性を認めていた。他方で，平成16年の破産法の改正に際しては，詐害行為取消権と類似の制度である否認権について，その要件が不明確かつ広範であることによって取引に萎縮効果等が生ずることを避けるため，行為類型ごとに否認の要件を定めた。そのため，同じ行為であっても，民法の詐害行為取消権の対象にはなるが，否認権の対象にはならないことが生じ，類似の機能を有する制度間で不整合な状態が生まれていた。そこで，新法においては，破産法の否認権の制度を参考にしつつ，①相当の対価を得てした財産処分行為（新法第424条の2），②既存の債務についての担保の供与及び債務消滅行為（新法第424条の3，第424条の4）に関して，行為類型ごとに要件の特例を置いている。

具体的には，次のとおりである。

a　債務者が相当の対価を得てした財産の処分行為

相当の対価を得てした財産の処分行為は，次のⅰからⅲまでの全てに該当する場合に限り，詐害行為取消権を行使することができる（新法第424条の２）。

ⅰ　不動産の金銭への換価その他の当該処分による財産の種類の変更により，債務者において隠匿，無償の供与その他の債権者を害することとなる処分（隠匿等の処分）をするおそれを現に生じさせるものであること。

ⅱ　債務者が，その行為の当時，対価として取得した金銭その他の財産について，隠匿等の処分をする意思を有していたこと。

ⅲ　受益者が，その行為の当時，債務者が隠匿等の処分をする意思を有していたことを知っていたこと。

b　特定の債権者に対する担保供与行為及び対価的均衡のとれた債務消滅行為

特定の債権者に対する担保の供与に関する行為及び対価的に均衡のとれた特定の債権者に対する債務の消滅に関する行為（偏頗行為）は，次のⅰ及びⅱのいずれにも該当する場合に限り，詐害行為取消権を行使することができる（新法第424条の３）。ここでは，既存の債務についての担保供与行為等が対象となり，新規融資と同時に行われる担保供与行為は対象とならない。なお，ⅱにおいて，「通謀」が要件とされている点は，破産法の否認よりも効力を否定するための要件が加重されている。

ⅰ　債務者が支払不能であった時に行われたもの（新

法第424条の３第１項第１号）であるか，又は債務者の義務に属せず，若しくはその時期が債務者の義務に属しない行為であって支払不能になる前30日以内に行われたもの（同条第２項第１号）であること。

ii　当該行為が，債務者と特定の債権者（受益者）とが通謀して他の債権者を害する意図をもって行われたものであること（新法第424条の３第１項第２号・第２項第２号）。

c　対価的な均衡を欠く債務消滅行為

消滅する債務に比して給付が過大である代物弁済を念頭に，対価的な均衡を欠く債務の消滅に関する行為について，更に特別な規律を設けている。すなわち，このような行為のうち，消滅した債務の額に相当する部分は，対価的に均衡のとれた債務の消滅に関する行為と同様の新法第424条の３所定のルールに服することとし，それを超える部分については，原則規定である新法第424条所定のルールに服するとしている（新法第424条の４）。なお，債務者が給付した財産が不可分なものであるときは，債権者はその一部の返還（現物返還）を求めることはできないので，債権者は，価額償還を求めることになる（新法第424条の６第１項後段）。

⑶　転得者に対する詐害行為取消請求（新法第424条の５）

旧法下の判例は，問題となっている行為が債権者を害することについて受益者が善意であるため，その者に詐害行為取消請求をすることができない場合であっても，悪意の転得者には，詐害行為取消請求をすることができるとしていた。しかし，転得者が善意の受益者から受け取った財産を失うことになると，善意の受益者が転得者から担保責任を追及されて財産の対価として受け取った金員の返還を求められるなど，善意の受益者の取引の安全が害されるおそれがあるし，そのようなおそれがあると，将来の責任追及を危惧して自己の財産の処分を躊躇するという弊害が発生するおそれもある。また，破産法の否認制度においても，受益者が善意である場合には，転得者に対しても否認権を行使することができないとしている（旧破産法第170条第１項第１号参照）。そこで，新法においては，受益者が善意でなく，受益者に対して詐害行為取消請求をすることができる場合に限り，転得者に対しても詐害行為取消請求をすることができるとしている（新法第424条の５柱書き）。

なお，整備法による改正前の破産法においては，転得者に対して否認権を行使するためには，否認権を行使される転得者の前者が悪意であることをも当該転得者が知っていなければならないとされていたが（旧破産法第170条第１項第１号の「否認の原因のあることを知って」），新法においては，受益者が悪意であることを転得者が認識しなくともよいとしている（新法第424条の５）。破産法における転得者に対する否認についても整備法によって同趣旨の改正を行っている（新破産法第170条等参照)。

⑷　詐害行為取消権の行使方法等（新法第424条の６～第425条）

ａ　財産の返還又は価額の償還の請求

債務者の責任財産の保全を図るという目的を達する観点から，判例に従い，債権者は，詐害行為取消請求において，対象となる行為の取消しだけではなく，その行為によって移転した財産を債務者に返還するように請求することができるとしている（新法第424条の６第１項前段･第２項前段)。また,その財産の返還(現物返還）をすることが困難であるときは，その価額償還を請求することができるとしている（同条第１項後段・第２項後段)。

ｂ　詐害行為の取消しの範囲

詐害行為取消権の行使の範囲を債権の保全に必要な範囲に限定する観点から，判例に従い，債権者は，詐害行為取消権の対象となる行為の目的が可分であるときは，自己の債権の額の限度においてのみ，その行為の取消しを請求することができるとしている（新法第424条の８第１項)。また，価額償還を請求する場合も，同様に，自己の債権の額が限度となるとしている（同条第２項)。

ｃ　債権者への支払又は引渡し

判例を踏まえ，詐害行為取消権を行使する場合において，金銭の支払又は動産の引渡しを求めるとき（価額償還請求を含む。）には，債権者は，債務者ではなく自己に対して直接その支払又は引渡しをすることを受益者や転得者に求めることができるなどとしている（新法第424条の９）。なお，旧法下の判例は，債権者が詐害行為取消権を行使して自ら金銭の支払を受けた場合に，その金銭の返還債務と債務者に対する自己の債権とを相殺することは禁止されないとしており，批判もあったが，新法においても，このような相殺を禁止する規定は設けられていない。

d　認容判決の効力と被告適格・訴訟告知

旧法下の判例は，詐害行為取消請求を認容する確定判決の効果は，財産の返還を請求する相手方である受益者又は転得者には及ぶものの債務者には及ばないこと（相対的効力）を前提として，詐害行為取消請求に係る訴えにおいては，受益者等を被告とすべきであり，債務者を被告とする必要はないとしていた。しかし，確定判決の効果が債務者に及ばない結果として，受益者等は，財産を返還することとなっても，債務者に支払っていた金銭等の返還を債務者に請求することができないことになりかねないなど，関係者間の統一的な利害調整を困難にしているとの批判がある。そこで，新法においては，被告適格を有する者はこの判例に従って受益者等とした上で（新法第424条の７第１項），詐害行為取消請求を認容する確定判決の効果については，被告となった者だけでなく，債務者にも及ぶとするとともに（新法第425条），判決の効果が及ぶことになる債務者にも審理に参加する機会を保障するため，債権者は，その訴えを提起したときは，遅滞なく，債務者に対し，訴訟告知をしなければならないとしている（新法第424条の７第２項）。なお，確定判決の効果（取消しの効果）が債務者にも及ぶため，受益者が詐害行為取消請求に係る訴えの被告となっていた場合は，当然ながら，債務者自身も，受益者に対し，取消しの対象となった行為によって移転した財物の返還等を求めることができることになる。

⑸　受益者・転得者の権利等（新法第425条の２～第425条の４）

ａ　受益者の権利等

旧法下の判例は，詐害行為の取消しの効果は債務者には及ばないとしていたが，この考え方によれば，例えば，債務者を売主とする自動車の売買契約が取り消され，買主である受益者がその自動車を債権者に返還することになった場合であっても，受益者は，債務者に対し，反対給付に当たる既払いの代金の返還を求めることはできないことになりかねない。他方で，類似する破産法上の否認制度においては，財産処分行為が否認された場合には，相手方は，その財産処分行為における反対給付の返還を請求する権利を行使することができるとされている（破産法第168条）。そこで，新法においては，債務者がした財産の処分に関する行為

（債務消滅行為については，下記参照）が取り消されたときは，受益者は，債務者に対し，その財産を取得するためにした反対給付の返還を請求することができるとしている（新法第425条の２前段）。また，反対給付が第三者に処分されているときなど債務者がその反対給付の返還をすることが困難であるときは，受益者は，その価額の償還を請求することができるとしている（同条後段）。

また，旧法下の判例の中には，債務消滅行為である代物弁済が取り消された場合には，代物弁済により消滅した債権も原状に復するとしているものもあった。そこで，新法においては，債務消滅行為が取り消された場合（新法第424条の４の規定により詐害的な財産処分行為として取り消された場合を除く。）において，受益者が債務者から受けた給付を返還し，又はその価額を償還したときは，受益者の債務者に対する債権は，原状に復するとしている（新法第425条の３）。

b　転得者の権利等

新法においては，受益者についてと同様の見地から，転得者に対する詐害行為取消請求によって債務者のした財産処分行為が取り消された場合には，当該財産処分行為が受益者に対する詐害行為取消請求によって取り消されたとすれば生ずべき受益者の債務者に対する反対給付の返還請求権又は価額の償還請求権を転得者が行使することができるとしている（新法第425条の

４第１号)。また，転得者に対する詐害行為取消請求によって債務消滅行為が取り消された場合には，当該債務消滅行為が受益者に対する詐害行為取消請求によって取り消されたとすれば回復すべき受益者の債務者に対する債権を転得者が行使することができるとしている（同条第２号)。

もっとも，転得者がその前者に対して給付した反対給付又は転得者がその前者から財産を取得することによって消滅した債権の価額を超えて権利を行使することは認める必要はないことから，いずれについても，権利の行使はその価額を限度としている。

(6)　詐害行為取消権の期間制限（新法第426条）

新法においては，判例に従い，２年の制限期間の起算点を「債務者が債権者を害することを知って行為をしたことを債権者が知った時」としている（新法第426条前段)。詐害行為取消権の要件のうち受益者等の悪意については，その認識を要求しない趣旨である。

また，旧法は，詐害行為取消権は，詐害行為の時から20年を経過すると，行使することができないとしているが（旧法第426条後段)，法律関係の安定の観点から，新法においては，その期間を短縮し，詐害行為取消権についての訴えは，詐害行為の時から10年を経過すると，提起することができないとしている（新法第426条後段)。

さらに，２年又は10年の制限期間の法的性質をいずれも出訴期間としている（新法第426条)。

6　多数当事者

多数当事者（保証については，7参照）に関する規律については，まず，その分類を大きく見直している。具体的には，同一の債務の目的（給付）について数人の債務者がいる場合における債務の分類を見直し，①その目的が性質上可分であり，法令の特別の規定や当事者の意思表示がなく，各債務者にその目的が分割された債務を「分割債務」とし，②その目的が性質上可分であり，法令の特別の規定等に基づき各債務者が債権者に対し全部の履行をすべき債務を「連帯債務」とし，③その目的が性質上不可分である債務を「不可分債務」としている（新法第430条，第436条）。また，同様に，同一の債権の目的（給付）について数人の債権者がいる場合における債権の分類も見直し，①その目的が性質上可分であり，法令の特別の規定等がなく，各債権者にその目的が分割された債権を「分割債権」とし，②その目的が性質上可分であり，法令の特別の規定等に基づき各債権者のそれぞれが全部の履行を請求することができる債権を「連帯債権」とし，③その目的が性質上不可分である債権を「不可分債権」としている（新法第428条，第432条）。

これ以外の主な改正事項は，次のとおりである。

(1)　連帯債務（新法第436条～第445条）

a　連帯債務者の一人について生じた事由の効力の見直し

(a)　履行の請求

旧法第434条は，連帯債務者の一人に対する履行の請求を絶対的効力事由であるとし，他の連帯債務者に対しても，その効力を生ずるとしていた。しかし，連帯債務者相互に密接な関係がない事例も少なくなく，連帯債務者の一人に対する履行の請求があったとしても，そのことを知らない他の連帯債務者はいつの間にか履行遅滞に陥っているなどといった不測の損害を受けるおそれがある。そこで，新法においては，旧法第434条の規定を削除し，これを相対的効力事由としている（新法第441条本文）。

(b)　相殺

旧法第436条第２項は，ある連帯債務者が相殺を援用しない間は，その連帯債務者の負担部分についてのみ他の連帯債務者が相殺を援用することができるとしていたが，他人の債権を相殺に供することまで認めるのは，相殺権を有する連帯債務者の財産管理権に対する過剰な介入となる。そこで，新法においては，他の連帯債務者による相殺の援用は認めないこととするが，代わりに，ある連帯債務者が自ら相殺を援用しない間は，その連帯債務者の負担部分の限度において，他の連帯債務者は，債権者に対して債務の履行を拒むことができるとしている（新法第439条第２項）。

(c)　債務の免除

旧法第437条は，連帯債務者の一人に対する債務の免除を絶対的効力事由であるとし，その連帯債務者の負担部分についてのみ，他の連帯債務者の利益のためにも，その効力を生ずるとしていた。しかし，債務の免除をした債権者において，他の連帯債務者との関係でも債務を免除する意思を有しているとは限らない。そこで，新法においては，旧法第437条の規定を削除し，これを相対的効力事由としている（新法第441条本文）。

なお，連帯債務者がＡとＢの両名である場合に，債権者がＡ及びＢ双方の債務の免除をするために，その免除の意思表示を各別にすることは当然可能であるが，Ａ及びＢ双方の債務を免除する意思表示をＡのみに対してした場合に，直ちにＢについても債務を免除する効力が生ずるのかは解釈論上問題となる（旧法下の判例の中には，いわゆる不真正連帯債務に関してではあるものの，これを肯定することを前提とした判断をしたものがある。）。

(d)　時効の完成

旧法第439条は，連帯債務者の一人についての時効の完成を絶対的効力事由であるとし，その連帯債務者の負担部分については，他の連帯債務者もその義務を免れるとしていた。しかし，これでは，債権者は，全ての連帯債務者との関係で消滅時効の完成を阻止する措置をとらなければ，特定の連帯債務者との間でも債権の全額を保全することができず，債権者には大きな負担となっていた。また，新法においては，履行の請求に相対的効力しか認めないとしているので（上記(a)参照），消滅時効の完成阻止のための債権者の負担は増すこととなる。そこで，新法においては，旧法第439条の規定を削除し，時効の完成を相対的効力事由としている（新法第441条本文）。

(e)　相対的効力の原則とその例外

新法においては，法律で認めた例外を除き連帯債務者の一人に生じた事由は他の連帯債務者に効力を生じないとする相対的効力の原則は維持した上で（新法第441条本文），例えば，債権者Ａと連帯債務者Ｂにおいて，連帯債務者Ｃにその事由が生ずればＢにもその効力が生ずるなどという別段の意思を表示していたときは，Ｃに生じた事由のＢに対する効力は，その意思に従うとしている（同条ただし書）。

b　連帯債務者が破産手続開始の決定を受けた場合に関する規定の削除

旧法第441条は，連帯債務者が破産手続開始の決定を受けた場合の債権者の配当加入について規定を置いていたが，破産法第104条に詳細な規定があり，不要なものであったため，新法においては，旧法第441条の規定を削除している。

c　連帯債務者の求償権に関する見直し

(a)　求償権の要件

自己の財産をもって共同の免責を得た連帯債務者が他の連帯債務者に求償するための要件について，判例に従い，その共同の免責を得た額が求償を求める連帯債務者の負担部分を超えていることを要しない旨を明文化している（新法第442条第1項）。

(b)　求償権の額

連帯債務者が他の連帯債務者に対して取得する求償権の額について，一般的な解釈に従い，原則としては連帯債務者が支出した財産の額であるが，連帯債務者の支出した財産の額が共同の免責を得た額を超える場合には，共同の免責を得た額にとどまるとしている（新法第442条第1項）。

(c)　事前通知と求償権

旧法第443条第1項は事前通知の制度を置いていたが，連帯債務者が履行の請求を受けて弁済をする場合に限らず，自発的に弁済をする場合にも，その制度趣旨である他の連帯債務者の保護の要請は働く。他方で，連帯債務者が他の連帯債務者の存在を知らない場合にまで事前通知を求めることは妥当でない。そこで，新法においては，履行の請求を受けたかどうかにかかわらず，他の連帯債務者があることを知りながら，連帯債務者があらかじめ通知しないで弁済などをした場合には，他の連帯債務者は，債権者に対抗することができた事由をもって，通知を怠った連帯債務者に対抗することができるとしている

（新法第443条第１項前段）。

また，新法では，この場合において，他の連帯債務者が相殺権を有していたことを理由に求償を拒んだ場合には，通知を怠った連帯債務者は，その過失の有無にかかわらず，債権者に対し，その相殺権の行使によって消滅すべきであった債権者の他の連帯債務者に対する債務の履行を請求することができるとしている（新法第443条第１項後段）。

(d)　事後通知と求償権

旧法第443条第２項の事後通知の制度について，連帯債務者が他の連帯債務者の存在を知らない場合には，連帯債務者に他の連帯債務者への事後通知を要求することは相当でないことから，新法においては，連帯債務者が他の連帯債務者があることを知りながら共同の免責を得たことの通知を怠った場合に限り，他の連帯債務者は，善意でした弁済などを有効であったものとみなすことができるとしている（新法第443条第２項）。

(e)　資力のない者の負担部分の分担

旧法は，連帯債務者の中に償還をする資力のない者があるときは，その償還をすることができない部分は，求償者及び他の資力のある者の間で，各自の負担部分に応じて分割して負担すると規定していたが（旧法第444条），新法においては，求償者及び他の資力のある者がいずれも負担部分を有しない場合については，判例に従い，求償者と他の資力のある者の間で等しい割合で分割して負担する旨を明文化している（新法第444条第２項）。

(f)　連帯の免除

債権者が連帯債務者の一人に対して連帯の免除をした場合であっても，その連帯債務者が負う旧法第444条の求償の負担について債権者自身が引き受けることを意図しているとは限らないこと等を踏まえ，連帯の免除をした債権者は免除を得た連帯債務者が負う上記の求償の負担を引き受けるとしていた旧法第445条の規定を削除している。

(g)　免除・時効の完成

新法においては，連帯債務者の一人に対する債務の免除及び連帯債務者の一人のために完成した時効を相対的効力事由としており（上記ａ(c)・(d)参照），債権者は，このような事由が生じていない他の連帯債務者に対して，連帯債務全額の履行を請求することができるが，他の連帯債務者が弁済をしたにもかかわらず，債務の免除を受け，あるいは時効が完成した連帯債務者に対して求償権を行使することもできないと，弁済をした他の連帯債務者は自らの負担部分を超えて負担を負うことになる。そこで，新法においては，連帯債務者の一人に対して債務の免除がされ，又は連帯債務者の一人のために時効が完成した場合においても，弁済をした他の連帯債務者は，その一人の負担部分を含めて履行する義務を負うが，これを履行した場合には，その一人の連帯債務者に対し，新法第442条第１項の求償権を行使することができるとしている（新法第445条）。なお，債務の免除を受け，又は時効が完成した連帯債務者が，他の連帯債務者からの求償に応じた場合には，特約等のない限り，債権者に対してはその求償相当額の支払を求めることができないと解される。

⑵　連帯債権（新法第432条～第435条の２）

旧法に明文の規定はなかったが，解釈上は認められていた「連帯債権」に関する規定を新設し，その基本的な成立要件や効果を明記している。具体的には，次のとおりである。

a　成立の要件

連帯債権は，その目的が性質上可分なものについて法令の規定又は当事者の意思表示によって成立する（新法第432条）。

b　履行請求・弁済

連帯債権者は，各自で，全ての債権者のために全部又は一部の履行を請求することができ，他方で，債務者は，全ての連帯債権者のために，各連帯債権者に対して履行をすることができる（新法第432条）。

c　更改・免除

連帯債権者の一人と債務者との間に更改又は免除があったときは，その連帯債権者がその権利を失わなければ分与されるべき利益に係る部分については，他の連帯債権者は，履行を請求することができない（新法第433条）。

d　相殺

債務者が連帯債権者の一人に対して債権を有する場合において，その債務者が相殺を援用したときは，その相殺は，他の連帯債権者に対しても，その効力を生ずる（新法第434条）。

e　混同

連帯債権者の一人と債務者との間に混同があったときは，債務者は，弁済をしたものとみなす（新法第435条）。

f　相対的効力の原則

上記ｂからｅまでに記載するものを除き，連帯債権者の一人の行為又は一人について生じた事由は，他の連帯債権者に対してその効力を生じないが，他の連帯債権者の一人及び債務者が別段の意思を表示したときは，当該他の連帯債権者に対する効力は，その意思に従う（新法第435条の２）。

⑶　不可分債権・不可分債務の見直し（新法第428条～第430条）

a　不可分債権・不可分債務の成立要件の見直し

旧法においては，債権・債務の目的が性質上不可分である場合に加え，その目的が性質上可分である場合にも，当事者の意思表示によって不可分債権・不可分債務が成立するとされていたが（旧法第428条，第430条），新法においては，不可分債権・不可分債務と連帯債権・連帯債務とは，その目的が性質上可分かどうかで区別し，不可分債権・不可分債務はその目的が性質上不可分である場合に成立するとしている（新法第428条，第430条）（注）。

（注） なお，旧法下においては，給付の内容が物理的に不可分なものだけでなく，給付の内容が物理的には可分なものであるが，その債務自体が不可分な利益の対価であるものも，債務の目的がその性質上不可分であるとして，不可分債務に当たると解されていた（判例は，共同して物件を借りている共同賃借人の賃料債務は，原則として不可分債務であるとしている。）。新法においては，債務の目的が物理的に不可分な給付である債務を典型例として想定し，不可分債務者の一人に生じた事由の効力の見直しなどを行っているが，上記の旧法下における解釈を直ちに否定するものではなく，今後の解釈に委ねられている。

b　不可分債権に関する規律等の見直し

新法においては，不可分債権について，新設した連帯債権に関する規定を準用している（新法第428条）。もっとも，連帯債権者の一人との間の更改又は免除の規定（新法第433条）と，連帯債権者の一人との間の混同の規定（新法第435条）については，債権の目的が不可分であることを踏まえるとそのまま準用することは適当でないから，準用の対象から除外し，必要に応じ別途規定を設けるなどしている（新法第429条）。なお，相対的効力の原則を定める連帯債権の規定（新法第435条の２）を準用した結果，それとは別に同趣旨の旧法第429条第２項の規定を置く必要がないため，同項の規定は削除している。

c　不可分債務に関する規律等の見直し

新法においては，不可分債務について，上記の見直しがされた連帯債務に関する規定を準用している（新法第430条）。もっとも，債務の目的が不可分であることを踏まえ，連帯債務者の一人との間の混同の規定（新法第440条）は，準用の対象から除外している。

７　保証

保証に関する主な改正事項は，次のとおりである。

⑴　保証の基本的な内容に関するもの（新法第448条～第463条）

a　主債務の目的・態様と保証人の負担

旧法下の一般的な解釈に従い，主債務の目的又は態様が保証契約の締結後に加重されたときであっても，保証人の負担は加重されない旨を明文化している（新法第448条第２項）。

b　主債務者の抗弁

旧法下の一般的な解釈に従い，主債務者が債権者に対して抗弁を主張することができる場合には，保証人も債権者にその抗弁をもって対抗することができる旨を明文化している（新法第457条第２項）。

c　主債務者の相殺権等

旧法下の一般的な解釈に従い，主債務者が債権者に対して相殺権，取消権又は解除権を有するときは，これらの権利の行使によって主債務者がその債務を免れることになる限度において，保証人は，債権者に対して債務の履行を拒むことができる旨を明文化している（新法第457条第３項）。

d　連帯保証人について生じた事由の主債務者に対する効力

基本的には旧法の実質的な規律を維持しつつ，①連帯保証人に対する履行の請求は，原則として，主債務者に対してその効力を生じないと改めるとともに，②債権者及び主債務者が別段の意思を表示していた場合には，例外的に，連帯保証人に生じた事由の主債務者に対する効力はその意思に従うとしている（新法第458条，第441条）。

e　委託を受けた保証人の求償権の額

旧法下の一般的な解釈に従い，委託を受けた保証人が債務の消滅行為をした場合に保証人が主債務者に対して有する求償権の額は，原則として保証人が支出した財産の額になるが，保証人の支出した財産の額が消滅した主債務の額を超えるときは，消滅した主債務の額になる旨を明文化している（新法第459条第１項）。

f　期限前弁済と委託を受けた保証人の求償の範囲

保証人が主債務の弁済期前であるのに債務の消滅行為をすることは，主債務者の委託の趣旨に反すると考えられること等を踏まえ，委託を受けた保証人が主債務の弁済期前に債務の消滅行為をした場合には，委託を受けない保証人が債務の消滅行為をした場合（旧法第462条参照）と同様に求償権の額は限られるとし（新法第459条の２第１項），また，求償可能な法定利息は主債務の弁済期以後のものに，費用その他の損害賠償も弁済期以後に債務の消滅行為をしたとしても避けることができなかったものに，それぞれ限られるとしている（同条第１項・第２項）。

なお，新法においては，主債務者が債務の消滅行為の日以前に相殺の原因を有していたことを主張するときは，保証人は，債権者に対し，その相殺によって消滅すべきであった債務の履行を請求することができるとしている（新法第459条の２第１項後段）。これは，主債務者に求償することができない保証人が債権者から回収をする手段を確保させるため，保証人は債権者に対して消滅すべきであった債務の履行を請求することができるとしたものである。

g　期限前弁済と求償の時期

旧法下の判例に従い，保証人は，主債務の弁済期前に債務の消滅行為をしたとしても，主債務の弁済期以後でなければ，求償権を行使することができない旨を明文化している（新法第459条の２第３項，第462条第

３項)。

h　事前求償権

旧法第459条のうち，保証人が主債務者の委託を受けて保証をした場合において，過失なく債権者に弁済をすべき旨の裁判の言渡しを受けた保証人は，主債務者に対して求償権を有するとの部分について，これが保証人において実際に債権者に弁済をする前に事前求償権を行使することができる旨を定めたものであることを明確にするため，事前求償権についての条文である新法第460条に規定を移している（同条第３号)。

また，旧法第460条第３号は，委託を受けた保証人は，債務の弁済期が不確定で，かつ，その最長期をも確定することができない場合において，保証契約の後10年を経過したときは，事前求償権を行使することができるとしていたが，実務においても，この規定による事前求償権はほとんど利用されておらず，この規定があったとしても事前求償権を行使することは困難であるため，新法においては，この規定を削除している。

i　無委託保証と求償

委託を受けない保証人から求償を求められた主債務者が相殺権を有していることを理由に求償を拒絶した場合について，求償を拒絶された保証人を保護するため，保証人は，主債務者に代わって，その相殺権の行使によって消滅すべきであった債権者が主債務者に対して負担する債務の履行を債権者に対して請求することができるとしている（新法第462条第1項において準用する新法第459条の2第1項後段）。

j　事前通知

委託を受けた保証人は，履行の請求を受けた場合だけでなく，履行の請求を受けずに自発的に債務の消滅行為をする場合であっても，主債務者に事前通知をしなければならないとしている（新法第463条第1項前段）。また，委託を受けない保証人については，いずれにしても求償権の制限を受けるため，事前通知の制度（旧法第463条第1項において準用する旧法第443条第1項）を廃止している（なお，新法第462条第1項において準用する新法第459条の2第1項前段参照）。

⑵　保証人を保護する等の観点からの情報提供義務

a　履行状況に関する情報提供義務（新法第458条の2）

旧法には，債権者が把握している主債務の履行状況に関する情報を保証人に提供する義務を債権者に課す規定はなかったが，新法は，委託を受けた保証人の請求があったときは，債権者は，主債務の元本や利息等の従たる債務についての不履行の有無・各債務残額・そのうちの弁済期到来分の額に関する情報を提供しなければならないとしている（新法第458条の2）。この規定の趣旨は，個人保証人の保護に尽きるものではないため，法人が保証人である場合にも適用される。なお，債権者において，この義務の履行を怠り，保証人が損害を被った場合には，保証人は，債権者に対して，生じた損害の賠償を請求することができる（新法第415条）。

b　期限の利益喪失時の情報提供義務（新法第458条の３）

旧法には，主債務者が期限の利益を喪失したことを知る機会を保証人に対して保障する制度はなかったが，新法は，保証人保護の観点から，保証人が個人である場合において，主債務者が期限の利益を喪失したときには，債権者は，保証人に対し，そのことを知った時から２箇月以内に，その旨を通知しなければならず，その通知をしなかったときは，保証人に対し，期限の利益を喪失した時から通知を現にするまでに生じた遅延損害金を請求することができないとしている（新法第458条の３）。

なお，この通知については，主債務者が期限の利益を喪失したことを知った時から２箇月以内に通知を発信するだけでは足りず，２箇月以内に通知が保証人に到達することが必要である。

c　委託の際の情報提供義務（新法第465条の10）

保証契約締結時の主債務者の財産状況を適切に把握させる観点から，事業のために負担する債務についての保証を個人に委託する場合には，主債務者は，①財産及び収支の状況，②主債務以外に負担している債務の有無並びにその額及び履行状況，③主債務の担保として他に提供し，又は提供しようとするものがあるときはその旨及びその内容に関する情報を提供しなければならないとしている（新法第465条の10第１項・第３項）。また，この情報提供義務の実効性を確保する観点から，主債務者がこの情報提供義務を怠ったことにより，主債務者の財産状況等について誤認をし，それによって保証契約を締結した場合には，保証人は保証契約を取り消すことができるとしている（同条第２項）。ただし，保証契約の相手方である債権者は，情報提供義務の当事者ではなく，この情報提供義務違反の有無を当然に知る立場にないことから，このような債権者の立場にも考慮し，情報提供義務違反があることを債権者が知り，又は知ることができたときに限り，保証人は保証契約を取り消すことができるとしている（同項）。

⑶　根保証契約の見直し（新法第465条の２～第465条の５）

旧法は，個人である保証人の保護の観点から，保証人が個人であって，金銭の貸渡し等によって負担する債務を主債務の範囲に含む貸金等根保証契約（新法では，これを「個人貸金等根保証契約」と呼んでいることから，以下ではその呼称を使用する。）については，①極度額，②元本確定事由及び③元本確定期日に関し定めを置いていたが，新法は，そのうち①極度額及び②元本確定事由に関する定めについては，それぞれ，適用対象となる保証契約の範囲の拡大等をしている。なお，③元本確定期日に関する規律については，拡大をしていない（新法第

465条の３参照)。

a　極度額

旧法は，個人貸金等根保証契約については，極度額を定めなければならないとしていたが（旧法第465条の２)，新法は，その対象となる範囲を拡大し，個人根保証契約（一定の範囲に属する不特定の債務を主債務とする保証契約であって保証人が法人でないものをいう。例えば，不動産の賃借人が賃貸借契約に基づいて負担する債務の一切を個人が保証する保証契約や，代理店等を含めた取引先企業の代表者との間で損害賠償債務や取引債務等を保証する保証契約，介護等の施設への入居者の負う各種債務を個人が保証する保証契約などが該当し得る。）については，主債務の範囲に含まれる債務の種別を問わず，書面又は電磁的記録で，極度額を定めなければその効力を生じないとしている(新法第465条の２)。この極度額は，保証契約の締結の時点で確定的な金額を書面又は電磁的記録上定めておかなければならない。

b　元本確定事由

旧法は，一定の事由が生じた場合には，当然に，個人貸金等根保証契約の元本が確定するとしていたが(旧法第465条の４)，新法は，保証人保護の観点から，その対象となる範囲を広げている。具体的には，その事由のうち，①債権者が，保証人の財産について，金銭の支払を目的とする債権についての強制執行又は担保権の実行を申し立てたとき（ただし，強制執行又は担保権の実行の手続の開始があったときに限る。），②保証人が破産手続開始の決定を受けたとき，又は③主債務者若しくは保証人が死亡したときには，主債務の範囲に含まれる債務の種別を問わず，個人根保証契約の元本は確定するとしている（新法第465条の４第１項）。

他方で，①債権者が，主債務者の財産について，金銭の支払を目的とする債権についての強制執行若しくは担保権の実行を申し立てたとき（ただし，強制執行又は担保権の実行の手続の開始があったときに限る。）又は②主債務者が破産手続開始の決定を受けたときには，従前どおり，個人貸金等根保証契約の元本は確定するが（新法第465条の４第２項），個人貸金等根保証契約以外の個人根保証契約の元本は確定しない。

c　保証人が法人である根保証契約の求償権を保証する保証契約

保証人が法人である場合には，極度額の定めがなくても，根保証契約は効力を生ずるが，新法は，保証人が法人である根保証契約において極度額の定めがないときは，その根保証契約に基づいて発生する求償債務を個人が保証する保証契約（根保証でないもの）は，その効力を生じないとしている（新法第465条の５）。

⑷　事業性融資の保証についての公証人による保証意思確認手続の導入（新法第465条の６～第465条の９）

新法は，個人がリスクを十分に自覚せず安易に保証人になってしまうという事態が発生することを防止するため，事業のために負担した貸金等債務についての保証人が個人である保証契約は，一定の例外を除き，保証意思を宣明する公正証書を作成しなければ無効となるとし，公的機関である公証人が保証人になろうとする者の保証意思を事前に確認するとのルールを新設している（新法第465条の６～第465条の９）。

ａ　対象となる保証契約

事業のために負担した特定の貸金等債務を主債務とする通常の保証契約（根保証契約以外のもの）又は主債務の範囲に事業のために負担する貸金等債務が含まれる根保証契約であり，保証人が法人でないものである（新法第465条の６）。また，これらの各保証契約の求償権に係る債務を保証する通常の保証契約・根保証契約であり，保証人が法人でないものも，同様に対象となる（新法第465条の８）。なお，「事業」とは，一定の目的をもってされる同種の行為の反復継続的遂行をいい，「事業のために負担した（する）貸金等債務」とは，主債務者が借り入れた金銭等を自らの事業に用いるために負担した貸金等債務を意味する。「事業のために負担した（する）貸金等債務」に該当するか否かは，借主がその貸金等債務を負担した時点を基準時として，貸主と借主との間でその貸付等の基礎とされた事情に基づいて客観的に定まることになる。

b　保証意思宣明公正証書と保証契約との関係

公証人は，所定の要件（下記ｃ～ｇ参照）を満たせば，公正証書（保証意思宣明公正証書）を作成することになるが，この保証意思宣明公正証書は，保証人になろうとする者の保証意思を確認するものであり，保証契約自体を内容とするものではない。保証契約の締結は，別途行われる必要がある。

なお，このように保証意思宣明公正証書は保証契約自体を内容とするものではないから，保証意思宣明公正証書は，債務名義となることはなく，執行認諾文言を付すこともできない。

c　嘱託

保証意思宣明公正証書は，公証人が保証人になろうとする者の口授等を直接受けて作成しなければならないから（新法第465条の６），保証人になろうとする者本人が直接公証人に対して作成の嘱託をしなければならず，代理人によって嘱託することはできない。

d　時期・場所

保証意思宣明公正証書は，保証契約締結の日前１箇月以内に作成されている必要があり（契約締結日の１箇月前の応当日に作成されていればよい。），それ以前に保証意思宣明公正証書が作成されていても，これをもって保証契約が有効になることはない。

e　保証意思の確認

公証人は，保証意思宣明公正証書を作成する際には，保証人になろうとする者が保証意思を有しているのかを確認しなければならない。公証人が，この確認をする際には，保証人になろうとする者が保証しようとしている主債務の具体的内容を認識していることや，保証契約を締結すれば保証人は保証債務を負担し，主債務が履行されなければ自らが保証債務を履行しなければならなくなることを理解しているかなどを検証し，保証人になろうとする者が保証契約のリスクを十分に理解した上で，相当の考慮をして保証契約を締結しようとしているか否かを見極めることが予定されている。

また，保証人になろうとする者がそのリスクを理解しているのかを確認するに当たっては，保証人になろうとする者が主債務者の財産状況等について認識しているのかを確認することも重要である。そこで，新法の下で主債務者が保証人になろうとする者に対してその提供義務を負う（上記⑵ｃ），主債務者の財産及び収支の状況等に関する情報についても提供されているかを確認し，保証人になろうとする者が提供された情報も踏まえて保証人になろうとしているかを見極めることになる。

なお，保証人になろうとする者に保証意思がないにもかかわらず，公証人が保証意思宣明公正証書を作成することは，民法上予定されておらず，仮にそのような状態で公正証書が作成されたとしても，それは保証意思宣明公正証書には該当しない。したがって，保証意思がないのに保証意思宣明公正証書が形式上作成されるということがあったとしても，新法第465条の６第１項所定の要件を欠き，保証契約は無効になる。保証人になろうとする者の保証意思を確認することができない場合には，公証人は，無効な法律行為等については証書を作成することができないとする公証人法第26条に基づき，公正証書の作成を拒絶しなければならない。

f　口授・筆記

保証人になろうとする者は，公証人に対し，主債務の内容など法定された事項を口頭で述べ（新法第465条の６第１項・第２項第１号），公証人は，保証人になろうとする者が口頭で述べた内容を筆記し，これを保証人になろうとする者に読み聞かせ，又は閲覧させる（同項第２号）。具体的には，次の事項を口頭で述べ，筆記することになる（同項第１号）。

①　通常の保証契約（根保証契約以外のもの）の場合

イ）主債務の債権者及び債務者，ロ）主債務の元本と従たる債務（利息，違約金，損害賠償等）についての定めの有無及びその内容，ハ）主債務者がその債務を履行しないときには，その債務の全額について履行する意思を有していること（ただし，連帯保証の場合には，債権者が主債務者に対して催告をしたかどうか，主債務者がその債務を履行することができるかどうか，又は他に保証人があるかどうか

にかかわらず，その全額について履行する意思を有していること）

②　根保証契約の場合

イ）主債務の債権者及び債務者，ロ）主債務の範囲，根保証契約における極度額，元本確定期日の定めの有無及びその内容，ハ）主債務者がその債務を履行しないときには，極度額の限度において確定した主債務の元本及び従たる債務の全額について履行する意思を有していること（ただし，連帯保証の場合には，債権者が主債務者に対して催告をしたかどうか，主債務者がその債務を履行することができるかどうか，又は他に保証人があるかどうかにかかわらず，その全額について履行する意思を有していること）

g　署名

保証人になろうとする者は，公証人が証書に記載した内容が正確なことを承認して署名押印するなどし，公証人は，その証書が法定の方式に従って作ったものである旨を付記して，これに署名押印する（新法第465条の６第２項第３号・第４号）。

h　作成が不要である場合

(a)　主債務者が法人である場合において，保証人が次のいずれかに該当するときには，保証意思宣明公正証書の作成は不要である（新法第465条の９第１号・第２号）。

①　まず，主債務者の理事，取締役，執行役又はこれ

らに準ずる者である。

「理事」,「取締役」,「執行役」は，法律上正式に理事，取締役，執行役の地位にある者をいい，その役割を法律上又は事実上代行している者などは含まれない。また，社外取締役も「取締役」に含まれる。

また,「理事，取締役又は執行役に準ずる者」とは，株式会社や一般社団法人以外の各種の法人において，理事，取締役等と同様に，法律上正式に法人の重要な業務執行を決定する機関又はその構成員の地位にある者をいう。株式会社の監査役や一般社団・財団法人の監事・評議員等は該当しない。また，いわゆる「執行役員」と呼ばれている者であっても，正式には理事，取締役又は執行役の地位にはなく，従業員にすぎないのであれば，該当しない。

② 次に，株式会社が主債務者である場合において，

(i) 総株主の議決権（株主総会において決議をすることができる事項の全部につき議決権を行使することができない株式についての議決権を除く。以下同じ。）の過半数を有する者

(ii) 総株主の議決権の過半数を他の株式会社が有する場合における当該他の株式会社の総株主の議決権の過半数を有する者

(iii) 総株主の議決権の過半数を他の株式会社及び当該他の株式会社の総株主の議決権の過半数を有する者が有する場合における当該他の株式会社の総

株主の議決権の過半数を有する者

である。

②の例外に該当するかどうかは，主債務者である株式会社の総株主の議決権の過半数を直接・間接に有するかどうかによって判断され，主債務者である株式会社を実質的に支配しているかどうかによって判断されるものではない。

③　株式会社以外の法人が主債務者である場合において，②(i)から(iii)までに準ずる者である。

③の例外についても，②と同様に実質支配概念は用いられていない。

(b)　また，主債務者が個人である場合において，保証人が次のいずれかに該当するときには，保証意思宣明公正証書の作成は不要である（新法第465条の９第３号）。

①　まず，主債務者と共同して事業を行う者である。

「共同して事業を行う」とは，組合契約など事業を共同で行う契約などが存在し，それぞれが事業の遂行に関与する権利を有するとともに，その事業によって生じた利益の分配がされるなど事業の成功・失敗に直接的な利害関係を有する場合を指す。

②　次に，主債務者が行う事業に現に従事している主債務者の配偶者である。

「事業に現に従事している」とは，文字どおり，保証契約の締結時においてその個人事業主が行う事業に実際に従事しているといえることが必要であり，単に書類上事業に従事しているとされているだけでは足りず，また，保証契約の締結に際して一時的に従事したというのでは足りない。また，ここでいう「配偶者」とは，法律上の配偶者のみを指す。

８　債権の譲渡

債権譲渡に関する主な改正事項は，次のとおりである。なお，旧法では，指図債権などのいわゆる「証券的債権」と区別するために，「指名債権」（旧法第467条等）との用語を用いていたが，新法では，「証券的債権」に関する規定を削除しており（下記(6)参照），民法中では「指名債権」との用語を用いる必要がなくなったため，「指名債権」を「債権」に改めるという用語の整理を行っている。

(1)　譲渡制限特約に関する見直し

ａ　譲渡制限特約の効力（新法第466条等）

旧法は，債権の自由譲渡性の原則を定めた上で，「当事者が反対の意思を表示した場合」には，この原則を適用しない旨を規定しており（旧法第466条），譲渡制限特約（債権の譲渡を禁止し，又は制限する旨の債権者及び債務者間の特約等。旧法下では，一般に，「譲渡禁止特約」と呼ばれていた）が付された債権の譲渡は（第三者との関係でも）無効であると一般に解されていた。しかし，そのような強い効果を譲渡制限特約に認めていたため，中小企業等が自社の債権を譲渡担保に供して資金調達を行うことを妨げる要因になっているとの指摘がされていた。そこで，新法においては，譲渡制限特約が付されていても，これによって債権の譲渡の効力は妨げられないとしている（新法第466条第２項）。

もっとも，債務者にとって譲渡制限特約を付する目的は，主として，弁済の相手方を固定することにより，見知らぬ第三者が弁済の相手方となるといった事態を防ぐことにあり，このような債務者の期待は引き続き保護する必要があった。そこで，新法においては，譲受人が譲渡制限特約について悪意又は重過失である場合には，債務者は，譲受人に対する債務の履行を拒むことができ，かつ，譲渡人に対する弁済等をもって譲受人に対抗することができるとしている（新法第466条第３項）。

さらに，債権を有効に譲り受けた譲受人の利益を保護する観点から，①譲受人が譲渡制限特約について悪意又は重過失である場合において，債務者が債務を履行しないときには，譲受人は，債務者に対し，相当の期間を定めて，譲渡人への債務の履行をするよう催告をすることができ，その期間内に履行がないときは，債務者は譲受人に対して債務を履行しなければならないとし（新法第466条第４項），さらに，②譲渡人について破産手続開始の決定があったときは，債権の全額を譲り受け，第三者対抗要件を具備した譲受人は，譲渡制限特約について悪意又は重過失であっても，債務者にその債権の全額に相当する金銭を供託させることができるなど（新法第466条の３）としている（なお，下記ｂ参照）。

なお，譲渡制限特約が付された債権を譲渡した結果，債務者との関係で特約に違反したことを理由に契約を解除されるおそれや今後の取引を打ち切られるおそれなどがあるため，譲渡制限特約が付された債権を譲渡することにはリスクが伴うのではないかとの懸念があり得る。しかし，新法においては，債務者が譲渡制限特約を付する場合の一般的な目的，すなわち，弁済の相手方を固定する目的は達成することができるように配慮した上で債権譲渡を有効としているのであるから，悪意の譲受人に対する譲渡制限特約が付された債権の譲渡を認めても，基本的に，譲渡制限特約の趣旨に反するものではないということができる。また，債務者にとって具体的な損害を観念することができないため，譲渡人が損害賠償責任を負うことには直ちにつながらない。特段の不利益がないにもかかわらず，債権譲渡を行ったことをもって契約解除や取引関係の打ち切り等を行うことは，極めて合理性に乏しく，権利濫用等に当たり得るものとも考えられる。新法は，新法の枠内で債務者にとって弁済の相手方を固定するという利益が保護されている限り，譲渡制限特約が付された債権の自由な譲渡や担保化を認めていくことをその趣旨としているものであり，この趣旨に沿った実務慣行が形成されていくことが強く期待されている。

b　譲渡制限特約と供託（新法第466条の２）

旧法の下では，譲渡制限特約が付された金銭債権が譲渡された場合に，譲受人が特約の存在を知っているか否か等を債務者が知ることができないときには，債務者は，債権者を確知することができないものとして弁済供託（旧法第494条後段）をすることができると解されており，債務者は，この弁済供託を利用することによって，弁済の相手方を誤るリスクを回避することが広く行われていた。新法においては，このような旧法下の運用を踏まえ，弁済の相手方を誤るリスクを債務者が回避することができるようにする観点から，新たな供託原因を創設し，譲渡制限特約が付された金銭債権が譲渡された場合には，債務者は，供託をすることができるなどとしている（新法第466条の２）。

c　譲渡制限特約と強制執行（新法第466条の４）

旧法下の判例は，当事者間の合意によって強制執行をすることができない財産を作り出すこととなるのは不当であるから，債務者は差押債権者に対して譲渡制限特約があることを対抗することはできないとしていた。新法においては，この判例の趣旨を踏まえ，債務者は譲渡制限特約について悪意又は重過失がある譲受人その他の第三者に対して履行を拒絶することができることなどを定める新法第466条第３項の規定は，譲渡制限特約が付された債権に対する強制執行をした差押債権者には適用しない（債務者は悪意又は重過失がある差押債権者に対して履行を拒絶することができない）としている（新法第466条の４第１項）。ただし，譲受人の債権者に譲受人以上の権利を与えるのは行き過ぎであるため，譲渡制限特約が付された債権が悪意又は重過失の譲受人に譲渡された場合において，その譲受人の債権者が譲渡制限特約が付された債権の差押えをするときには，債務者は，その譲受人の債権者に対し，債務の履行を拒絶し，譲渡人に対する弁済等の事由を対抗することができるとしている（同条第２項）。

d　譲渡制限特約と預貯金債権（新法第466条の５）

預貯金債権についてはその金額が増減することが想定されているという特殊性があるため，譲渡制限特約が付された預貯金債権の譲渡が有効となると，例えば，預金債権が譲渡された後に譲渡人の口座で出入金があった場合に，法律関係が複雑化し，債務者である銀行が円滑に払戻しを行うことができなくなるのみならず，差押債権者等の第三者との関係が不明確になるなど金融システムの円滑に支障を生ずるおそれがあるとの指摘がされていた。また，預貯金債権は直ちに資金化することが可能であるため，譲渡をして資金を調達するといったことは一般的には行われておらず，その譲渡を有効とする必要性に乏しい。そこで，新法においては，譲渡制限特約が付された預貯金債権が悪意又は重過失の譲受人等に譲渡された場合には，旧法と同様に，債務者は，預貯金債権に付された譲渡制限特約を悪意又は重過失の譲受人等に対抗することができる旨の規定を設けており（新法第466条の5第1項），譲渡制限特約に違反する譲渡がされた場合には，譲渡は無効となると解される。また，この規定は，譲渡制限の意思表示がされた預貯金債権に対する強制執行をした差押債権者に対しては適用されない（同条第2項）。

(2)　将来債権譲渡（新法第466条の6）

新法では，判例を踏まえ，将来債権の譲渡が可能であることを明らかにする旨の規定を設け（新法第466条の6第1項・第2項），併せて，将来債権の譲渡については，既発生の債権の譲渡と同様の方法によって対抗要件を具備することができる旨を明文化している（新法第467条第1項）。

また，旧法には，将来債権の譲渡がされた後に債務者と譲渡人との間で締結された譲渡制限特約の効力に関し規定がなく，確立した見解も存在しなかったため，新法においては，新たにその規律を設けている。すなわち，譲受人の対抗要件具備時（債務者対抗要件の具備時をいう。以下同じ）までに譲渡制限特約が付されたときは，譲受人等がそのことを知っていたものとみなすことで（新法第466条の6第3項），譲受人等は常に譲渡制限特約の効力を対抗される。他方で，将来債権の譲渡がされ，債務者対抗要件が具備された後に債務者と譲渡人との間で譲渡制限特約が締結された場合については，明文の規定がないが，譲渡時点では譲渡制限特約は締結されていないのであるから譲受人は譲渡制限特約については当然に善意・無重過失であり，原則として譲渡制限特約の効力を譲受人等が対抗されることはないと整理している。

⑶　債権の譲渡における債務者の抗弁（新法第468条）

新法においては，債権の譲渡における債務者の抗弁に関し，債務者は，対抗要件具備時までに譲渡人に対して生じた事由をもって譲受人に対抗することができるとした上で（新法第468条第１項），譲渡制限特約が付された債権の譲渡があった場合に関する特則を置いている（同条第２項）。

⑷　異議をとどめない承諾制度の廃止（新法第468条）

旧法においては，債務者が異議をとどめないで債権の譲渡の承諾をしたときは，債務者は，譲渡人に対抗することができた事由があっても，これをもって譲受人に対抗することができないとされていた（旧法第468条第１項）。しかし，単に債権が譲渡されたことを認識した旨を債務者が通知しただけで抗弁を対抗することができなくなるという効果が発生するのは，債務者にとっては予想が困難な事態である。そのため，債務者から異議をとどめない承諾の効力の有無が争われることも少なくなかった。

そこで，新法においては，異議をとどめない承諾の制度を廃止している。新法の下では，抗弁の切断には，抗弁を放棄する旨の債務者の意思表示を要することになる。

⑸　債権の譲渡における相殺権（新法第469条）

旧法においては，債権の譲渡における相殺の可否に関して，譲渡人の譲渡通知の時点において，債務者の債権が発生していたことを要するか，債務者が有する債権と譲渡された債権の弁済期が到来していることを要するか，これらの債権の弁済期の先後が問題となるかなどについて，明確な規定は設けられておらず，解釈上も争いがあった。そこで，新法においては，まず，譲渡について対抗要件具備時よりも前に債務者が取得した譲渡人に対する債権であれば，これによって相殺をすることができ，かつ，それぞれの債権の弁済期の先後も問わないとしている（新法第469条第１項）。さらに，譲受人の対抗要件具備時よりも後に債務者が取得した譲渡人に対する債権についても，①その債権が対抗要件具備時よりも前の原因に基づいて生じたときか，あるいは，②その債権が，対抗要件具備時よりも後の原因に基づいて生じたものであっても，譲渡された債権の発生原因である契約に基づいて生じたときのいずれかである場合には，その債権による相殺を可能としている（同条第２項）。

このうち，①対抗要件具備時よりも前の原因に基づいて生じた債権とは，例えば，対抗要件具備時よりも前に締結されていた賃貸借契約に基づき対抗要件具備時より後に発生した賃料債権などである。将来債権の譲渡がされた場合であっても，対抗要件具備時の時点で債権の発生原因が生じていれば相殺の期待も既に生じていることなどを考慮したものである。

また，②対抗要件具備時よりも後の原因に基づいて生じた債権であって，譲渡債権の発生原因である契約に基づいて生じたものとは，例えば，将来発生する売買代金債権を譲渡する合意がされ，債務者対抗要件が具備された後に譲渡の対象となる売買代金債権を発生させる売買契約が締結された場合に，対抗要件具備時よりも後に発生したその売買契約に基づく損害賠償債権であり，これは，売買代金債権と相殺することができる。同一の契約から生じた債権債務については，特に相殺の期待が強いことを踏まえたものである。

⑹　証券的債権に関する規定の削除

旧法には，証券的債権に関する規定はあったが，有価証券に関する規定はなく，また，旧商法及び旧民法施行法には，有価証券に関する規定の一部が設けられていた。この証券的債権と有価証券との関係については諸説があるが，証券的債権に該当するものは現実にはほとんど存在しないといわれていた。そうすると，旧法や旧商法等に分散している規定は有価証券に関する規定として民法に整理統合するのが合理的である。

そこで，新法においては，旧法等にあった関連規定をいったん全て削除した上で，有価証券に関する規定を民法に新設している（内容については，有価証券の項で説明する。）。

９　債務の引受け

⑴　債務の引受けに関する規定の新設

旧法には，債務引受（債務者が負担する債務と同一の内容の債務を契約によって第三者が負担することとする制度）の要件・効果を定める基本的な規定はなかったが，判例は債務引受が可能であると認めており，学説上も異論はなかった。そこで，新法においては，併存的債務引受と免責的債務引受とに分けて債務引受に関する規定を新設している。

(2)　併存的債務引受（新法第470条・第471条）

併存的債務引受は，引受人と債権者又は債務者との契約によって成立するとしている（新法第470条第２項・第３項）。その上で，引受人と債務者との契約によって成立する場合には，その効力発生時期は，債権者の承諾の時点としている（同項後段）。また，併存的債務引受の引受人は，引き続き債務を負担する債務者と連帯して，債務者が債権者に対して負担する債務と同一の内容の債務を負担するほか（同条第１項），併存的債務引受の効力発生時に債務者が主張することができた抗弁をもって債権者に対抗することができ（新法第471条第１項），さらに，債務者が債権者に対して取消権又は解除権を有する場合には，引受人は一定の限度で自己の債務の履行を拒むことができる（同条第２項）。

(3)　免責的債務引受（新法第472条～第472条の４）

免責的債務引受は，引受人と債権者との契約によってすることができるが，その場合には，債権者が債務者に通知をしなければ効力を生じない（新法第472条第２項）。

また，債務者と引受人との契約によってすることもできるが，この場合には，債権者の承諾が必要になる（同条第３項)。

免責的債務引受の引受人は，債務者が債権者に対して負担する債務と同一の内容の債務を負担するが，債務者は自己の債務を免れる（新法第472条第１項)。もっとも，判例を踏まえ，引受人は，当然には債務者に対して求償権を取得しないとしている（新法第472条の３)。求償権を発生させる必要がある場合には，別途，引受人と債務者との間で合意をする必要がある。

このほか，引受人は，免責的債務引受の効力発生時に債務者が主張することができた抗弁権を債権者に対抗することができ（新法第472条の２第１項)，債務者が債権者に対して取消権又は解除権を有する場合には，引受人は一定の限度で自己の債務の履行を拒むことができる(同条第２項)。

さらに，債務者が負担していた債務の担保として設定された担保権及び保証を，債権者は，免責的債務引受の引受人が負担する債務に移すことができるとしている(新法第472条の４第１項本文)。なお，引受人以外の者がこれを設定した場合には，その承諾を得なければならない（同項ただし書)。

10　弁済

弁済に関する主な改正事項は，次のとおりである。

(1)　弁済の効果（新法第473条)

旧法では，弁済の基本的な効果が債務の消滅であることを明示的に定めた規定がなかったが，新法では，一般的な解釈に従い，債務者が債権者に対して債務の弁済をしたときは，その債権は消滅する旨を明文化している（新法第473条）。

⑵　第三者弁済（新法第474条）

新法においては，まず，債務者の意思に反して弁済をすることができない第三者の範囲について，弁済による代位の要件との関係を明確化する観点から，一般的な解釈を踏まえて，法定代位の規定と同様の表現に改めることとし，「利害関係を有しない第三者」を「弁済をするについて正当な利益を有する者でない第三者」（新法第500条参照）としている（新法第474条第２項本文）。また，債権者を保護するため，弁済をするについて正当な利益を有する者でない第三者の弁済が債務者の意思に反する場合であっても，債務者の意思に反することを債権者が知らなかったときには，その弁済は有効としている（同項ただし書）。さらに，弁済をするについて正当な利益を有する者でない第三者による弁済については，そのような者による弁済を受けることを債権者が望まない場合には，その意思を尊重するのが適切であることから，そのような第三者は，債権者の意思に反して弁済をすることができないとしている（同条第３項本文）。ただし，その第三者が債務者の委託を受けて弁済をする場合において，そのことを債権者が知っていたときは，債権者の意思に反して弁済をすることができる（同項ただし書）。

⑶　弁済として引き渡した者の取戻し（旧法第476条）

旧法第476条は，譲渡につき行為能力の制限を受けた所有者が弁済として物の引渡しをした場合において，その弁済を取り消したときは，その所有者は，更に有効な弁済をしなければ，その物を取り戻すことができないと定めていた。しかし，これでは，制限行為能力者の保護に欠けるおそれがあることから，新法においては，同条を削除している。

⑷　口座振込みによる弁済（新法第477条）

旧法には，預貯金口座を通じた振込みによる弁済に関する規定がなかったことから，新法では，弁済の効力発生時期に関する規定として，預貯金口座に対する払込みによってする弁済は，債権者がその預貯金債権の債務者に対してその払込みに係る金額の払戻しを請求する権利を取得した時にその効力を生ずる旨の規定を新設している（新法第477条）。

⑸　受領権者としての外観を有する者に対する弁済（新法第478条等）

新法においては，旧法における「債権の準占有者」（旧法第478条）との用語について，一般的な解釈を踏まえ，「受領権者……以外の者であって取引上の社会通念に照らして受領権者としての外観を有するもの」と改める（新法第478条）などしている。

また，旧法第480条は，受取証書の持参人に対する弁済は，その持参人に権限がなくとも，原則として有効であり，弁済をした者が持参人に権限がないことを知っていたとき，又は過失により知らなかったときには無効であるとし，旧法第478条の特則を置いていたが，この特則の設け方は合理性が乏しいため，新法においては，旧法第480条を削除している。

⑹　代物弁済（新法第482条）

代物弁済の合意の性質について，条文の文言からは，代物の給付によって契約の効力を生ずる要物契約と解するのが自然であるが，判例は，代物弁済の合意があれば代物弁済による所有権移転の効力が生ずるとしており，諾成的な代物弁済の合意は有効であることが前提とされている。そこで，新法においては，代物弁済の合意の性質が諾成契約であることを明確化し，債務者の負担した給付に代えて他の給付をすることにより債務を消滅させる旨の契約をした場合において，他の給付がされたときに代物弁済の効力（債務の消滅）が生ずるとしている（新法第482条）。

⑺　特定物の現状による引渡し（新法第483条）

債権の目的が特定物の引渡しであるときは，引渡しをすべき時の現状で引き渡さなければならないとしていた旧法第483条について，新法においては，契約その他の債権の発生原因及び取引上の社会通念に照らして引渡しをすべき時の品質を定めることができない場合についての補充的な規定に改めている（新法第483条）。

⑻　弁済の時間（新法第484条）

弁済は原則として法令又は慣習により取引時間の定めがあるときはその時間内にすることができる旨の旧商法第520条の規定は，商行為によって生じた債務の弁済以外に広く適用しても合理的なものであり，現にそのように解釈する見解も有力であったため，新法においては，これと同趣旨の規定を民法に移設している（新法第484条第２項）。

⑼　受取証書（新法第486条）

旧法第486条は，債務の履行をした後に受取証書の交付を請求することができる旨を規定していたが，新法においては，債務の履行と受取証書の交付は同時履行の関係にあるという一般的な解釈等を条文上も明らかにするため，文言を改めている（新法第486条）。

⑽　弁済の充当（新法第488条～第491条）

弁済の充当の規定を次のとおり整理している。

まず，弁済の充当が問題となるのが，①債務者が同一の債権者に対して同種の給付を目的とする数個の債務を負担する場合において，弁済として提供した給付が全ての債務を消滅させるのに足りないとき（新法第488条第１項），又は②債務者が一個又は数個の債務について元本のほか利息及び費用を支払うべき場合において，弁済をする者がその債務の全部を消滅させるのに足りない給付をしたとき（新法第489条第１項）のいずれかであることを条文上明確化している。

その上で，このうち前者については，当事者の一方の指定によって充当することが可能であるが，当事者の指定がない場合には法定の方法により充当されることを明文化している（新法第488条）。

他方で，後者については，指定充当をすることはできず，費用，利息，元本の順序で充当がされることとし，その上で，充当の結果，その一部が消滅しない費用，利息又は元本について，それが複数あるときは，まずは当事者の指定によって充当することが可能であるが，当事者の指定がない場合には法定の方法により充当されるとしている（新法第489条）。

さらに，いずれの場合についても，弁済をする者と弁済を受領する者との間に弁済の充当の順序に関する合意があるときは，その順序に従い，その弁済を充当することを明文化している（新法第490条）。

このほか，一個の債務の弁済として数個の給付をすべき場合（例えば，一つの債務について，数回に分割して弁済する旨の約定がある場合）において，弁済をする者がその債務の全部を消滅させるのに足りない給付をしたときについても，これらのルールを準用している（新法第491条）。

⑾　弁済の提供（新法第492条）

弁済の提供と受領遅滞の効果を明瞭に整理する観点から，弁済の提供の効果は，履行遅滞による債務の不履行に基づく責任を免れる点にあることを明らかにする趣旨で，「債務の不履行によって生ずべき一切の責任」という文言を，「債務を履行しないことによって生ずべき責任」に改めている（新法第492条）。

⑿　弁済供託（新法第494条等）

受領拒絶を理由とする弁済供託につき，判例を踏まえ，弁済者が弁済の提供をしたことが必要である旨を明確化している（新法第494条第１項第１号）。また，債権者不確知を理由とする弁済供託について，弁済者の過失についての主張立証責任の分配を条文の文言上も明確にする趣旨で，新法第494条第２項本文において，「弁済者が債権者を確知することができないとき」に弁済供託をすることができるとした上で，同項ただし書において，「弁済者に過失があるときは，この限りでない」旨を規定している。

また，物理的な事情に基づく価値の低下だけでなく，市場での価格の変動が激しく，放置しておけば価値が暴落し得るようなものについても，弁済の目的物を売却し，その代金を供託することを可能とするため，新法においては，弁済の目的物について「滅失，損傷その他の事由による価格の低落のおそれがあるとき」とその要件を改めているほか，弁済の目的物を「供託することが困難な事情があるとき」にも自助売却をすることができるとしている（新法第497条）。

そのほか，供託の基本的な効果に関して，供託による債権の消滅の時点が供託をした時であることを判例に従い明確化するとともに（新法第494条第1項柱書き後段），弁済の目的物等が供託された場合には債権者は供託物の還付を請求することができる旨を明文化している（新法第498条第1項）。

⒀　弁済による代位（新法第499条～第502条）

旧法では，弁済をするについて正当な利益を有しないものの，債務者の意思に反せずに弁済をした者（旧法第474条第2項参照）が，債権者に代位するためには，債権者の承諾が必要であったが（旧法第499条第1項），債権者は，弁済を受領して満足を得た以上，その後の担保や保証等の帰趨について独自の利益を有しているとはいえず，承諾を要するとする規律には合理性があるとはい い難い。そこで，新法においては，弁済をするについて正当な利益を有する者以外の者が代位をする場合にも，債権者の承諾を不要としている（新法第499条）。

また，旧法第501条第1号は，保証人が担保の設定された債務者の不動産の第三取得者に対して代位するには，あらかじめ付記登記をすることを要するとしていたが，利益状況が類似する抵当権の被担保債権の譲渡による債権者の交替のケースにおいては，債権の譲受人は当該抵当権を実行するために付記登記は要しないこととも整合しないため，新法においては，この付記登記を要しないとし，旧法第501条第1号を削除している。もっとも，新法の下でも，代位の付記登記をし，その登記事項証明書をもって担保権の承継を証明する（民事執行法第181

条参照）ことができると考えられる。

また，一部弁済による代位に関して，判例は一部弁済をしたに過ぎない代位者が単独で担保権を実行することができるとしていたが，これでは，本来の権利者である債権者が担保権を実行して換価する時期を選択する利益を奪われ，債権者が全額の回収をすることができなくなるおそれも生ずる。そこで，新法においては，判例を改めて，一部弁済をした代位者は，債権者の同意を得て，債権者とともにその権利を行使することができるとし（新法第502条第１項），かつ，一部弁済をした代位者がいる場合であっても，債権者は，単独でその権利を行使することができるとしている（同条第２項）。

⒁　担保保存義務（新法第504条）

金融機関が行う融資においては，第三者が担保を設定している場合には，債務者の経営状況の変化等に伴い，担保の差替えや一部解除を行う必要が生ずるが，旧法の下では，これらは形式的には旧法第504条の担保の喪失又は減少に該当するため，債権者としては，たとえ合理的なものであっても，全ての代位権者の同意を得ない限り，担保の差替え等を行うことができず，円滑な取引を阻害していた。そこで，新法においては，担保の喪失又は減少について「取引上の社会通念に照らして合理的な理由があると認められるとき」は，新法第504条による免責は生じないとしている（同条第２項）。例えば，経営者の交替に伴って保証人が旧経営者から新経営者に交替する事例や，抵当権を設定している不動産を適正価格で売却し，その代金を債務の弁済に充てることを前提に，その抵当権を抹消する事例などについては，個別具体的な事情にもよるが，「合理的な理由がある」とされることがあると考えられる。

また，判例は，旧法第504条によって免責された代位権者が物上保証人である場合には，免責後にその物上保証人から担保の目的物を譲り受けた第三者やその特定承継人も，その免責の効力を主張することができるとしていたため，この判例に従い，その旨を明文化している（新法第504条第１項後段）。

11　相殺

相殺に関する主な改正事項は，次のとおりである。

⑴　相殺制限特約（新法第505条第２項）

適用場面として類似する，譲渡制限特約を第三者に対抗するための要件（新法第466条第３項）と同様に，第三者が悪意又は重過失である場合に相殺制限特約を対抗することができるとしている（新法第505条第２項）。

⑵　不法行為等により生じた債権を受働債権とする相殺の禁止（新法第509条）

旧法においては，不法行為に基づく損害賠償債権を受働債権とする相殺は一律に禁止されていた（旧法第509条）。これは，不法行為の被害者に現実に弁済を受けさせてその保護を図ることと，債権者による不法行為の誘発を防止することが理由であると説明されていたが，この趣旨に鑑みると，例えば，過失による不法行為に基づく損害賠償債権について相殺を許しても不法行為を誘発することはないと考えられる。また，不法行為債権の債権者に資力が乏しいケースでは，相殺禁止によってかえって当事者間の公平が害される面もあるといえ，不法行為の被害者の保護という観点からは，生命・身体の侵害による損害賠償債権について相殺を禁止すれば足りるとも考えられる。

他方で，旧法においては，不法行為に基づく損害賠償債権以外の損害賠償債権を受働債権とする相殺は禁止されていなかったが，生命又は身体が侵害された場合に，被害者に現実に弁済を受けさせてその保護を図る必要性は，不法行為に基づく損害賠償債権以外の損害賠償債権についても同様に認められる。

以上を踏まえ，新法においては，禁止される相殺の範囲を見直し，①悪意（積極的に他人を害する意思）による不法行為に基づく損害賠償債権を受働債権とする相殺と，②人の生命又は身体の侵害による損害賠償債権（不法行為に基づく損害賠償債権に限られない）を受働債権とする相殺は債権者に対抗することができないとしている（新法第509条）。

ただし，これらの債権を「他人から譲り受けた」ときには，そのような債権を受働債権とする相殺はもはや禁止されない（新法第509条ただし書）。この場合には，損害賠償債権を有しているのは被害者本人ではないため，相殺禁止の趣旨が妥当しないからである。

(3)　差押えを受けた債権を受働債権とする相殺の禁止（新法第511条）

旧法第511条を反対解釈し，第三債務者が差押え前に取得した債権であれば，これによる相殺を無制限に差押債権者に対抗することができるかについて，判例は，かつて自働債権の弁済期が受働債権のそれよりも先に到来することを要するとの見解を採ったこともあった。しかし，その後は，自己の有する債権が差押え前に取得したものである限り，第三債務者は，自働債権と受働債権の弁済期の先後を問わず，相殺を対抗することができるとする見解（いわゆる無制限説）に立っており，今日ではこの判例に基づく実務が確立されている。そこで，新法においては，無制限説を採用していることを条文の文言上も明確化するため，差押え前に取得した債権による相殺をもって差押債権者に対抗することができることを明確化している（新法第511条第1項）。

また，旧法第511条の趣旨からすれば，差押えの時点で実際に自働債権が発生していなくても，契約等の債権の発生原因となる行為が差押え前に生じていれば，債権発生後に相殺をすることにより自己の債務を消滅させることができるという期待は合理的なものとして保護するのが相当である。包括的な執行手続である破産手続においても自働債権の発生原因の生じた時点を基準として相殺の可否を決している。そこで，新法においては，差押え後に取得した債権であっても，差押え前の原因に基づいて生じたものであるときは，その債権による相殺を差押債権者に対抗することができるとしている（新法第511条第２項本文）。ただし，第三債務者が「差押え後に他人の債権を取得した」ものであるときには，その債権による相殺は差押債権者に対抗することができないとしている（同項ただし書）。以上により，例えば，差押えよりも前に締結されていた賃貸借契約に基づき差押え後に発生した賃料債権や，差押えよりも前に債務者と保証人との間で締結されていた保証委託契約に基づき差押えより後に発生した事後求償権を自働債権とする相殺をすることができると考えられる。

⑷　相殺の充当（新法第512条）

新法においては，相殺の充当に関し，判例を踏まえて規定を整理しており，債権者が債務者に対して有する一個又は数個の債権と，債権者が債務者に対して負担する一個又は数個の債務について，①相殺の充当の順序に関する合意をしたときはそれによって消滅し，②合意をしなかったときは，相殺適状となった時期の順序に従って相殺によって消滅するとし（新法第512条第１項），その上で，弁済の充当の相当規定を準用する（同条第２項）などしている。

12　更改

更改に関する主な改正事項は，次のとおりである。

⑴　更改の意味（新法第513条）

更改は，「債務の要素」を「変更」する契約をすることによって成立するものであるが（旧法第513条），その具体的な意味が分かりにくいものであったことから，新法においては，更改は，①給付の内容についての重要な変更がされるか，②債権者又は債務者の交替がされるものであることを明確化している（新法第513条各号列記部分）。また，更改は，従前の債務を消滅させ，これと同一性を有しない新たな債務を発生させるものであるため，新法においては，更改は，「従前の債務に代えて，新たな債務……を発生させる契約」であることを明確化している（同条柱書き）。なお，旧法第513条第２項においては，条件付きの債務を無条件としたことのほか，債務に新たに条件を付すことや条件を変更することも債務の要素を変更したものとみなすとされていたが，これらを一律に債務の要素の変更とみなすのは妥当ではないことから，本規定を廃止している。

⑵　債務者の交替による更改（新法第514条）

旧法は，債務者の交替による更改は，債権者と更改後に債務者となる者との契約によってすることができるが，更改前の債務者の意思に反してすることができないとしていた（旧法第514条）。しかし，機能が類似する免責的債務引受の要件との整合性を考慮し（新法第472条第２項参照），新法においては，更改前の債務者の意思に反するときであっても，債務者の交替による更改をすることができるとしている（新法第514条第１項）。

なお，その効力は債権者が更改前の債務者に通知した時に生じ（新法第514条第１項後段），債務者の交替による更改後の債務者は，更改前の債務者に対して求償権を取得しない（同条第２項）。

⑶　債権者の交替による更改（新法第515条）

債権者の交替による更改が，旧債権者，新債権者及び債務者の三者の契約によって成立することを明文化するとともに（新法第515条第１項），債権譲渡について異議をとどめない承諾の制度（旧法第468条第１項）を廃止したことに伴い，これを準用していた旧法第516条を削除している。

⑷　更改前の債務が消滅しない場合に関する旧法第517条の削除

旧法第517条については，その反対解釈により，①不法な原因以外の債権者の知っていた事由によって新債務が成立しないとき，又は②債権者の知っていた事由によって新債務が取り消されたときには，更改の効力は維持され，旧債務は消滅すると解されていたが，この規律内容は更改の当事者の合理的な意思に合致しているとはいえず，合理性を欠くことから，このような反対解釈を生む同条の規定を削除している。

⑸　更改後の債務への担保の移転（新法第518条）

旧法は，更改の当事者の合意によって，債務の担保として設定された質権又は抵当権を更改後の債務に移すことができるとしていた（旧法第518条）。しかし，更改の当事者である債務者の意思を考慮する必要はないと考えられることから，新法においては，債権者の単独の意思表示によって質権等を更改後の債務に移すことができるとしている（新法第518条第１項）。なお，更改の当事者以外の第三者（債務者の交替による更改にあっては，従前の債務者を含む）が担保権を設定していた場合に，その承諾を得なければならないのは，旧法と同様である（同項ただし書）。

また，上記の質権又は抵当権の移転は，あらかじめ又は同時に更改の相手方（債権者の交替による更改にあっては，債務者）に対してする意思表示によってしなければならないこととしている（新法第518条第２項）。

13　有価証券

旧法には，証券的債権に関する規定はあったが，有価証券に関する規定はなく，また，旧商法及び旧民法施行法には，有価証券に関する規定の一部が設けられていたが，旧法や旧商法等に分散している規定は有価証券に関する規定として整理統合するのが合理的である。そこで，新法では，旧法等にあった関連規定をいったん全て削除した上で，その実質的な内容について一部は修正・追加をしつつも基本的にはこれを維持し，一体的な有価証券に関する規定を民法中に新設している（新法第３編第１章第７節）。

ただし，特別法がある場合には，民法中にある有価証券に関する規定ではなく，その特別法中の規定が適用される。例えば，手形や小切手については，特別法として手形法及び小切手法があり，それぞれ網羅的な規定を置いているため，これらの規定が優先的に適用され，新法の有価証券に関する新設規定の多くは適用されないことになる（ただし，手形や小切手の喪失・盗難の場合の手続については，手形法及び小切手法に定めがないため，新法第520条の11及び第520条の12が適用される。）。

第５　債権各論に関する改正の内容

１　契約の成立

契約の成立に関する主な改正事項は，次のとおりである。

⑴　契約自由の原則（新法第521条・第522条第２項）

旧法に規定はなかったが，新法においては，近代私法の基本原則といわれる契約自由の原則（契約締結の自由・内容決定の自由・方式の自由）を明文化している（新法第521条，第522条第２項）。

⑵　契約の成立

a　成立要件・申込みの定義（新法第522条第１項）

旧法に規定はなかったが，契約は契約の申込みとこれに対する承諾によって成立するとの一般的な解釈を明文化するとともに，契約の「申込み」の定義を明文で定めている（新法第522条第１項）。

b　契約の申込みの撤回（新法第523条第１項ただし書・第525条第１項ただし書）

従前の一般的な解釈を踏まえ，承諾の期間を定めた場合など申込みの撤回が許されていない場合であっても，申込者が撤回をする権利を留保したときには，申込者は申込みの撤回をすることができるとしている（新法第523条第１項ただし書・第525条第１項ただし書）。

c　対話者に対する承諾期間を定めないでした申込み（新法第525条第２項・第３項）

対話者に対して承諾の期間を定めないでした申込みについては，旧法下の有力な解釈に従い，対話の継続中であればいつでも申込みの撤回が可能であるとしている（新法第525条第2項）。また，判例に従い，原則として対話の継続中のみ効力は維持されるなどとしている（同条第3項）。ただし，申込者が対話の終了後もその申込みが効力を失わない旨を表示したときは，対話の終了後もその申込みは失効せず，効力を有する（同項ただし書）。対話の終了後も申込みが効力を有する場合には，申込者は，撤回をする権利を留保したときを除き，承諾の通知を受けるのに相当な期間を経過するまでは，その申込みを撤回することができないとし（同条第1項。上記b参照），申込みを受けた者に不測の損害を与えることを防止している。

d　申込者の死亡等と申込みの効力（新法第526条）

旧法第525条は，隔地者に対して契約の申込みの通知を発信した後に，申込者が死亡し，又は行為能力を喪失した場合に関して，旧法第97条第2項の特例を設け，①申込者が反対の意思を表示していたときや，②相手方がその申込者の死亡等の事実を知っていたときは，同項を適用しないとしており，例外的にその申込みの効力を否定する。

旧法の下では，この特例が相手方に契約の申込みの通知が到達した後に申込者に死亡等の事実が生じたケースにも適用されるのかについては，解釈上争いがあったが，新法第526条においては，通知が到達した後に申込者が死亡等した場合を含め，この特例を適用し，申込みの効力を否定している。なお，申込みの通知の到達前に死亡等の事実が生じたが，その事実を知ったのは到達後であったケースについても，この特例は適用され，申込みの効力は否定される。

また，旧法第525条が「行為能力の喪失」としていたのに代えて「行為能力の制限」との用語を用い，この特例が申込者が被保佐人又は被補助人であって，当該契約の申込みをすることが全くできないわけではないが，単独で完全に有効にすることはできなくなったというケースにも適用され得ることを明確にしたほか，新法においては，意思能力に関する規定を新設すること（新法第３条の２，第97条第３項）を踏まえ，契約の申込みの通知を発信した後に，申込者が意思能力を有しない常況にある者となった場合にも，同様に，この特例を適用し，申込みの効力を否定している（新法第526条）。

そのほか，旧法では，申込者が反対の意思を表示していた場合には，契約の申込みの効力が失われるとしていたが（旧法第525条），新法においては，その実質を明瞭にするため，申込者が死亡等の事実が生じたとすればその申込みは効力を有しない旨の意思を表示していたときは，契約の申込みの効力が失われるとしている（新法第526条）。

なお，この特例の効果として，申込みは無効となるとしている。

e　隔地者間の契約の成立時期（旧法第526条等）

旧法は，隔地者に対してした意思表示について，原則として，その意思表示が相手方に到達した時に効力を生ずるものとしていたが（旧法第97条第１項），隔地者間の契約については，申込みをされた者が承諾の通知を発した時に契約が成立するという発信主義を定めていた（旧法第526条第１項）。もっとも，発信主義は取引の迅速性の要請は充たすものの，承諾の通知の発信時に契約を成立させる結果，仮に何らかの理由で承諾の通知が申込者に到達しない場合にも契約が成立するため，申込者は不測の損害を被るおそれがある。また，高度な通信手段が整備された現代社会においては，隔地者間の取引であっても電話や電子メール等の様々な手段を用いることが可能となっていることから，あえて隔地者間であることに着目した特例を設ける必要性は乏しい。そこで，新法においては，発信主義を定めた規定（旧法第526条第１項）を削除して，承諾の通知が申込者に到達した時点で契約が成立するとしている（新法第97条第１項参照）。申込者の申込みの撤回（申込みの撤回の可否については，新法第523条，第525条参照）と相手方の承諾とが行われた場合における契約の成否は，到達主義の原則（新法第97条第１項参照）の下で，申込みの撤回の通知と承諾の通知のどちらが先に相手方に到達したかによって決まることになる。

f　懸賞広告（新法第529条～第530条）

新法においては，懸賞広告に関して，①広告者の報酬付与義務の発生要件の明確化（新法第529条），②懸賞広告の撤回や失効の要件の見直し（新法第529条の２，第529条の３），③懸賞広告の撤回の方法の見直し（新法第530条）をしている。

２　契約の効力・解除等

契約の効力・解除等に関する主な改正事項は，次のとおりである。

⑴　同時履行の抗弁権（新法第533条）

旧法下においても，同時履行の抗弁（旧法第533条）によって拒むことができる「債務の履行」には，契約に基づく本来の債務の履行だけでなく，その債務の履行に代わる損害賠償の債務の履行を含むものと解されていたことから，新法においては，この解釈を明確にするため，「債務の履行に代わる損害賠償の債務の履行を含む。」との文言を加えている（新法第533条）。

⑵　危険負担

a　債権者主義の見直し（旧法第534条・第535条）

旧法は，特定物に関する物権の設定又は移転を双務契約の目的とした場合に，その物が債務者の責めに帰することができない事由によって滅失等したときは，その滅失等は，債権者の負担とするなど，債権者主義を採用する規定（旧法第534条・第535条）を置いていた。しかし，この旧法の規定に対しては従前から立法論として強い批判があったため，新法においては，この旧法の規定を削除している。なお，目的物の滅失等についての危険の移転については，売買に関する新法第567条（同法第559条で他の有償契約に準用）に規定が新設されている。

b　危険負担の効果（新法第536条）

旧法では，債権者は，債務の履行が不能となった場合には，債務者の帰責事由の有無に応じて，債務者に帰責事由があれば契約の解除により（旧法第543条等），双方に帰責事由がなければ危険負担により（旧法第536条第１項），反対給付債務が消滅するとされていた。これに対し，新法では，債務者に帰責事由がなくとも，債権者は契約の解除をすることができるとしているから（新法第542条），危険負担に関する旧法の規定を維持すると，双方に帰責事由がない場合について，反対給付債務の消滅という同じ効果を生じさせる制度が重複する。

そこで，制度の重複を回避する観点から，危険負担の効果を反対給付債務の消滅から反対給付債務の履行拒絶権の付与に改め（新法第536条第１項），債権者は，債務者に帰責事由がない場合には，危険負担制度に基づき当然に反対給付債務の履行を拒むことができるし，契約の解除をすることにより，反対給付債務を確定的に消滅させることもできるとしている。

なお，債権者は，この履行拒絶権の効果によって，反対給付債務の履行期を徒過しても遅滞の責任を負わないこととなる。

⑶　第三者のためにする契約（新法第537条第２項・第３項）

旧法に明文の規定はなかったが，一般に，第三者のためにする契約は，その成立の時に第三者が現に存しない場合（胎児，設立中の法人など）又は第三者が特定していない場合（懸賞論文など）であってもそのために効力を妨げられないと解されていたことから，新法において，その旨を明文化している（新法第537条第２項）。

また，旧法の下では，第三者のためにする契約に基づき第三者の権利が発生した後に，債務者の第三者に対する債務不履行を理由に，契約の相手方が契約を解除することができるかどうかは明確ではなかったが，新法においては，発生した権利についての第三者の期待を保護するため（なお，新法第538条第１項参照），その第三者の承諾を得なければ，契約を解除することができないとしている（同条第２項）。

⑷　契約上の地位の移転（新法第539条の２）

旧法には，契約上の地位の移転に関する規定はなかったが，事業譲渡等の場面において，契約上の地位の移転が広く行われており，判例や学説においてもその有効性は広く認められていた。そこで，新法においては，契約の当事者の一方が第三者との間で自己の有する契約上の地位を譲渡する合意をした場合において，その契約の相手方がその譲渡を承諾したときは，契約上の地位は，その第三者に移転するとしている（新法第539条の２）。

なお，賃貸借契約における契約上の地位の移転については，特則（新法第605条の２，第605条の３）がある。

⑸　契約の解除

ａ　帰責事由の要否（新法第541条～第543条）

旧法の下では，債務不履行について債務者に帰責事由がある場合でなければ債権者は契約の解除をすることができないと解されていた。しかし，債務不履行があった場合にも債務者に帰責事由がある場合でなければ契約の解除をすることができないとすると，債権者は，債務不履行があっても契約に拘束され続けるため，例えば，その契約に代えて他の取引先と必要な契約をするなどの対応をとることについて躊躇せざるを得ないという事態も生ずる。また，解除制度の意義は，債務の履行を怠った債務者に不利益を負わせるのではなく，債務の履行を得られない債権者を契約の拘束力から解放するところにあると理解すれば，債務者に帰責事由があることは理論的にも解除の必須の要件ではないといえる。

そこで，新法では，債務者に帰責事由がない場合にも，契約の解除をすることができるとし，例外的に，債権者に帰責事由がある場合にのみ契約の解除をすることができないとしている（新法第541条～第543条）。

b　催告解除の要件（新法第541条ただし書）

催告解除について，判例は，不履行の部分が僅かである場合や契約目的を達成するために必須とはいえない附随的な義務の不履行の場合には，契約の解除を認めていなかった。そこで，新法においては，この判例の基本的な考え方を前提に要件の具体化を図るため，債務不履行がその契約や取引上の社会通念に照らして軽微であるときは契約の解除をすることができない旨の規定を設けている（新法第541条ただし書）。

c　無催告解除の要件（新法第542条）

旧法は，債務者に債務の履行の機会を与えるため，債務不履行による契約の解除に当たっては，原則として催告を要するとした上で，債務の履行が不能である場合と定期行為について債務の履行が遅滞した場合にのみ，催告を要しないとしていたが（旧法第542条，第543条），旧法に明文の規定がある場合に限らず，債務者に債務の履行の機会を与えても意味がないといえるケースについては，無催告解除を認めるのが合理的である。そこで，新法においては，無催告解除について，旧法に明文の規定があった履行不能の場合や定期行為の履行遅滞の場合に加え，債務者が履行拒絶の意思を明確に表示した場合や，契約をした目的を達するのに足りる履行の見込みがないことが明らかな場合等にも無催告解除をすることができるなどとしている（新法第542条）。

d　原状回復義務（新法第545条）

契約の解除によって契約当事者が負うこととなる原状回復義務について，一般的な解釈に従い，金銭を返還する場合だけでなく（新法第545条第２項参照），金銭以外の物を返還する場合についても規定を設け，受領時以後に生じた果実をも返還する義務を負う旨を明文化している（同条第３項）。

e　解除権の消滅（新法第548条）

解除権者が「自己の行為」又は「過失」により契約の目的物を著しく損傷する等したときには解除権は消滅すると定めた旧法第548条第１項について，解除権者が予測に反して解除権を失わないようにするため，損傷等の時において解除権者が解除権を有することを知らなかったときには，解除権は消滅しないものとしている（新法第548条ただし書）。また，解除権の消滅の要件を明確にするため，一般的な解釈に従い，上記の「自己の行為」との要件を「故意」に改めている（同条本文）。

３　定型約款（新法第548条の２～第548条の４）

現代社会においては，大量の取引を迅速かつ安定的に行うために，極めて多種多様な取引において，詳細な取引条件等を定めた約款を用いることが必要不可欠となっている。この約款を利用した取引については，取引の相手方である顧客はその内容を詳細には認識しないのが通常であるという特質などがあるが，約款に関して旧法は特段の規定を設けていなかった。もっとも，民法の原則によれば，契約の当事者は契約の内容を認識して意思表示をしなければ契約に拘束されないと解されているが，約款を用いた取引をする多くの顧客は，そこに記載された個別の条項の内容を認識していないため，なぜ約款中の個別の条項に当事者が拘束されるのか，また，どのような要件の下で当事者は拘束されると解すべきかといった問題が生じていた。また，約款を利用して継続的な契約が締結されることも多く行われており，法令の変更等や経済環境の変動等に対応するため，契約締結後に，定型約款の内容を一方的に変更する必要が生ずることが少なくない。これは契約の事後的な変更に当たるため，民法の一般的な理論によれば相手方の同意を要するが，実務においては，約款中に設けられた一方的な変更をすることがある旨の条項を根拠にするなどして，契約の内容を約款準備者が相手方の同意を取らずに一方的に変更することが現実に行われている。もっとも，そのような方法が有効であるといえるのか，どのような要件の下で有効と解するべきかが判然としなかった。

以上の問題状況を踏まえ，新法においては，約款を用いた取引の法的安定性を確保するため，民法に定型約款に関する規定（新法第548条の２～第548条の４）を設けている。

⑴　定型約款等の定義

新たな約款に関する規律の適用範囲を明確にするため，①ある特定の者が不特定多数の者を相手方として行う取引であって，②その内容の全部又は一部が画一的であることがその双方にとって合理的なものを「定型取引」と定義した上で，③定型取引において，契約の内容とすることを目的としてその特定の者により準備された条項の総体を「定型約款」と定義している（新法第548条の２第１項）。このうち，①「ある特定の者が不特定多数の者を相手方として行う取引」という要件は，ある取引主体が取引の相手方（顧客）の個性を重視せずに多数の取引を行うような場面を抽出するためのものである。また，②「（取引の）内容の全部又は一部が画一的であることがその双方にとって合理的」なものという要件は，特別な規定を設けて取引の安定を図るとしても，定型約款を細部までは読んでいない者を拘束することが許容されるのは，定型約款を利用しようとする定型約款準備者だけでなくその相手方（顧客）にとっても取引の内容が画一的であることが合理的であると客観的に評価できる場合に限られることを表すものである。

例えば，鉄道の運送取引における運送約款，宅配便契約における契約約款，電気供給契約における電気供給約款，普通預金規定，保険取引における保険約款，インターネットを通じた物品売買における購入約款，インターネットサイトの利用取引における利用規約，市販のコンピュータソフトウェアのライセンス規約など，事業者が大量の顧客を相手方として行う多様な取引がこれに該当する。

なお，新法においては，定型約款を準備する者を「定型約款準備者」と，定型約款準備者の取引相手である顧客を「相手方」と呼称している。

(2)　定型約款による契約の成立

定型約款を利用して契約を成立させるためには，①定型約款を契約の内容とする旨の合意をした場合，又は②定型約款準備者があらかじめその定型約款を契約の内容とする旨を相手方に表示していた場合に該当し，かつ，契約の当事者において取引を行う旨の合意がされたことを要するとし，この要件を満たす場合には，定型約款に記載された個別の内容について認識していなくとも定型約款の個別の条項について合意をしたものとみなす旨の規定を新設している（新法第548条の２第１項）。

このうち，「あらかじめその定型約款を契約の内容とする旨を相手方に表示していた」場合に定型約款の個別の条項について合意をしたものとみなす旨の規定を置いているのは，このような場合に，当事者が実際にその取引を行ったのであれば，通常は「定型約款を契約の内容とする旨の」黙示の合意があったといえると考えられるが，黙示の合意の認定は，必ずしも容易ではないこともあり，定型約款を利用した取引の安定を図る観点からは，このようなケースについても，黙示の合意がされたとの判断を経ることなく，定型約款の個別の条項について合意があったものとみなすのが適切であるためである（新法第548条の２第１項第２号）。このように，この規定は，黙示の合意があるといい得るような局面を想定したものであることから，ここでの「表示」とは，取引を実際に行おうとする際に，顧客である相手方に対して個別に示されていると評価ができるものでなければならない。定型約款準備者のホームページなどにおいて一般的にその旨を公表するだけでは足りず，インターネットを介した取引などであれば契約締結画面までの間に画面上で認識可能な状態に置くことなどが必要である。

なお，鉄道の乗車契約や高速道路の通行契約等においては実際上定型約款が準備されていることが通例であるが，都心の駅等でＩＣカードを使って鉄道の自動改札を通過する場合や，ＥＴＣを利用して高速道路を通行する場合を念頭に置くと，その都度，定型約款による旨の表示を適切にすることは実際上容易ではない。他方で，これらの取引については，容易かつ迅速に契約の成立を認める公共的な必要性も高いといえる。そこで，整備法においては，以下の法律において，あらかじめその定型約款を契約の内容とする旨を公表すれば足りる旨の特則を設けている。

- 鉄道営業法第18条ノ２（鉄道による旅客運送取引）
- 軌道法第27条ノ２（路面電車，モノレール等による旅客運送取引）
- 海上運送法第32条の２（フェリー等による旅客運送取引）
- 航空法第134条の３（飛行機による旅客運送取引）
- 道路運送法第87条（乗合バス等による旅客運送取引）

- 道路整備特別措置法第55条の2（高速道路等の通行に係る取引）
- 電気通信事業法第167条の2（相互接続通話等）

(3)　不当な条項の取扱い

合意をしたものと擬制をすることが適切でない条項に拘束される事態の発生を防止するため，相手方の権利を制限し，又は相手方の義務を加重する条項であって，信義則（民法第1条第2項参照）に反して相手方（顧客）の利益を一方的に害すると認められる条項については，上記(2)の要件を充たす場合であっても，合意をしなかったものとみなしている（新法第548条の2第2項）。また，信義則違反の判断の際には，定型取引の態様やその実情，さらには取引上の社会通念を考慮すべきことを明らかにしている。

これによって合意をしなかったものとみなされる条項の例としては，相手方に対して過大な違約罰を定める条項，定型約款準備者の故意又は重過失による損害賠償責任を免責する旨の条項など，その条項の内容自体に強い不当性が認められるものや，売買契約において本来の目的となっていた商品に加えて想定外の別の商品の購入を義務付ける不当な抱合せ販売条項など，その条項の存在自体を顧客側が想定し難く，その説明などもされていないために不当な不意打ち的要素があるものなどが想定される。なお，条項の不当性の判断に当たっては，個別具体的な相手方ごとに諸事情が考慮されるため，特定の相手方との関係でのみ合意をしなかったものとみなされることもあり得る。

⑷　定型約款の内容の表示

定型取引の当事者に定型約款の内容を知る権利を保障する必要があることから，新法においては，定型取引を行い，又は行おうとする定型約款準備者は，定型取引合意の前又は定型取引合意の後相当の期間内に相手方（顧客）から請求があった場合には，遅滞なく，相当な方法でその定型約款の内容を示さなければならないとしている（新法第548条の３第１項本文)。ここでいう定型約款の内容を示す「相当な方法」としては，定型約款を書面又は電子メール等で送付する方法や，定型約款を面前で示すことのほか，自社のホームページにあらかじめ定型約款を掲載し，請求があった場合にはそのホームページを閲覧するように促す方法等が想定されている。

もっとも，定型約款準備者の負担が過大になることを防ぐため，定型約款準備者がすでに相手方に対して定型約款を記載した書面を交付し，又はその内容を記録したＣＤ，ＤＶＤなどの電磁的記録を提供していたとき（電磁的記録によって提供したと評価することができるためには，顧客相手方が電磁的記録中のデータを管理し，自由にその内容を確認することが可能な態様で行われる必要がある。）には，相手方の表示請求があっても，これに応ずる必要はないとしている（新法第548条の３第１項ただし書)。

なお，定型約款準備者定型取引合意の前に請求を受けていたのに正当な事由なくこれを拒んだ場合には，(2)の合意のみなし規定は適用されない（新法第548条の３第２項）。

(5)　定型約款の変更

定型約款を利用して締結された契約（既存の契約）につき，定型約款準備者が相手方（顧客）の同意を得ることなく一方的に契約の内容を変更する「定型約款の変更」に関する規定を新設している。

まず，「定型約款の変更」の実体的な要件としては，定型約款の変更が①「相手方の一般の利益に適合するとき」であるか，②「契約をした目的に反せず，かつ，……変更に係る事情に照らして合理的な変更であるとき」のいずれかに該当することを要するものとしている（新法第548条の４第１項）。なお，②の合理性の判断においては，定型約款準備者にとってそのような変更をすることが合理的であるかどうかではなく，客観的にみて，当該変更が合理的であるといえるかどうかが問題とされる。その考慮事情として，「変更の必要性，変更後の内容の相当性，この条の規定により定型約款の変更をすることがある旨の定めの有無及びその内容」が挙げられている。「変更の必要性」としては，定型約款準備者においてなぜ約款の変更を行う必要が生じたかといったことに加えて，個別の同意を取ることが困難である事情も考慮される。また，「この条の規定により定型約款の変更をすることがある旨の定めの有無」とは，定型約款に，新法の規定によって定型約款準備者が定型約款を一方的に変更することがあり得る旨の条項が設けられているかどうかやその内容が考慮されるという趣旨である。

このほか,変更によって相手方が受ける不利益の程度·性質や，このような不利益を軽減させる措置が取られているかなどが考慮される。例えば，変更後の契約内容に拘束されることを望まない相手方に対して契約を解除する権利を付与したことや，変更の効力が発生するまでに猶予期間を設けることなどは，相手方の不利益を軽減する措置と評価することができるから，定型約款の変更を認める方向で斟酌されることになる。

次に，定型約款の変更の手続的な要件として，定型約款準備者は，定型約款の変更をするときは，その効力発生時期を定め，かつ，定型約款を変更する旨及び変更後の定型約款の内容並びにその効力発生時期をインターネットの利用その他の適切な方法により周知しなければならないこととし（新法第548条の４第２項），かつ，上記の②の要件に基づく変更については，相手方保護の観点から，効力発生時期が到来するまでに同項の規定による周知をしなければ，その効力を生じないとしている（同条第３項）。

４　贈与

贈与に関する主な改正事項は，次のとおりである。

(1)　贈与の対象（新法第549条）

旧法第549条は，文言上，贈与は「自己の財産」を無償で与えるものとしていたが，判例は，他人物を贈与する契約も有効であると解していたため，この判例を踏まえ，同条の「自己の財産」という言葉を「ある財産」に改めている（新法第549条）。

⑵　贈与者の担保責任（新法第551条）

旧法は，贈与者は，贈与の目的である物又は権利の瑕疵又は不存在について，原則責任を負わないとしていた（旧法第551条）。これは，贈与の無償性に鑑みて贈与者の担保責任を軽減するものであり，合理的である。もっとも，新法は，同じ財産権移転型の契約である売買の担保責任に関して，売主は，特定物売買と不特定物売買とを区別することなく一般に種類，品質及び数量に関して売買契約の内容に適合した目的物を引き渡す債務を負うと整理しており，贈与についても，同様に，贈与者は種類，品質及び数量に関して贈与契約の内容に適合した目的物を引き渡す債務を負うと整理するのが相当である。

以上を踏まえ，新法においては，売買と同様に，贈与者は契約の内容に適合した目的物を引き渡す債務を負うことを前提とした上で，贈与者は原則として担保責任を負わないとする旧法第551条の趣旨を維持するため，贈与者は，贈与の目的として特定した時の状態で贈与の目的である物又は権利を引き渡すことを合意していたものと推定するとしている（新法第551条第１項）。

５　売買

売買に関する主な改正事項は，次のとおりである。

⑴　手付（新法第557条）

旧法第557条第１項は，「売主はその倍額を償還して」手付解除をすることができるとしていたが，判例は，売主が手付解除をするためには手付の倍額を現実に提供しなければならないとしていたため，新法においては，その旨を明文化している（新法第557条第１項本文）。

また，旧法第557条第１項は，「当事者の一方が契約の履行に着手する」までは手付解除をすることができるとしていたが，判例は，解除をしようとする者が履行に着手していたとしても，履行に着手していない当事者との間では契約の解除をすることができるとしていた。そこで，新法においては，その旨を明文化している（新法第557条第１項ただし書）。

⑵　売主の義務（新法第560条）

一般的な解釈に従い，売主の基本的な義務として，売主は買主に対して権利の移転についての対抗要件を備えさせる義務を負う旨を明文化している（新法第560条）。

⑶　他人物売買（新法第561条）

旧法に規定はなかったが，一般的な解釈に従い，売買の目的である権利の一部が他人に属する場合に，その権利の一部を他人に移転する義務が売主にあることを明文化している（新法第561条）。

また，他人の権利の売買における買主の契約の解除及び損害賠償の請求等は，債務不履行があった場合の一般的な規律（下記(4)参照）により行うこととする（旧法第561条は削除）とともに，他人の権利の売買における善意の売主の解除権（旧法第562条）を廃止している。

(4)　引き渡された目的物が種類，品質又は数量に関して契約の内容に適合しない場合における売主の担保責任（新法第562条～第564条）

売買は，国民がごく日常的に行う取引類型であるから，引き渡された売買の目的物に不具合（キズや性能不足など）があった場合に買主がどのような救済を求めることができるのかといった基本的な法律関係については，取引社会の実情を踏まえて，明快で合理的なルールを用意しておくのが望ましいと考えられる。しかしながら，例えば，旧法第570条は「売買の目的物に隠れた瑕疵があったとき」に買主は損害賠償の請求及び契約の解除をすることができるとしていたものの，売買の目的物に不具合があった場合に買主にどのような救済手段があると解すべきかについては，学説は大別すれば法定責任説と契約責任説とで激しく対立し，判例の立場も必ずしも明瞭ではなかった。

現代社会においては，売買の目的物は，大量生産され，不具合があった場合には部品の交換や代替物の給付など履行の追完が可能であるものが多く，実際の取引においてもそのような対応が一般化している。また，問題となった具体的な取引が特定物売買であるか不特定物売買であるかの判別が実際上必ずしも容易でないケースも少なくない。そのため，法定責任説のように，特定物売買と不特定物売買を截然と区別してその取扱いを大きく異ならせるのは，取引の実態に合致しておらず，また，いたずらにルールを複雑化するものであって合理的でない。特定物売買と不特定物売買とを区別することなく売主は一般に種類，品質及び数量に関して売買契約の内容に適合した目的物を引き渡す債務を負うことを前提に，引き渡された目的物が契約の内容に適合しない場合には債務は未履行であるとの整理（契約責任説）を基本として，買主が有する救済手段を具体的に明文化するのが合理的である。

そこで，新法においては，特定物売買であるか不特定物売買であるかを問わず，売主は種類，品質及び数量に関して契約の内容に適合した目的物を引き渡す債務を負うことを前提に，引き渡された目的物が種類，品質又は数量に関して契約の内容に適合しない場合には，買主は，救済手段として，①その修補や代替物の引渡し等の履行の追完の請求（新法第562条），②代金減額の請求（新法第563条），③新法第415条の規定による損害賠償の請求（新法第564条）及び④新法第541条・第542条の規定による契約の解除（新法第564条）をすることができるとしている。なお，旧法第570条は「瑕疵」という用語を用いていたが，判例は，その実質的な意味を「契約の内容に適合しないこと」であると解釈していたため，新法では，「契約の内容に適合しない」との用語を用いている。

買主の救済手段の具体的な内容は，次のとおりである。

a　追完請求権

引き渡された目的物が種類，品質又は数量に関して契約の内容に適合しないものである場合には，買主は，売主に対して，目的物の修補，代替物の引渡し又は不足分の引渡しによる履行の追完を請求することができる（新法第562条第１項本文）。

もっとも，売主は，買主に不相当な負担を課するものでないときは，買主が請求した方法と異なる方法による履行の追完をすることができる（新法第562条第１項ただし書）。例えば，履行の追完として，修補と代替物の引渡しの双方が可能であり，買主は代替物の引渡しを選択したが，修補が容易で費用も低廉である場合において，修補を選択することによって買主に特段の不利益が生じず，修補が買主に不相当な負担を課するものでないときは，売主は，修補の方法により履行の追完をすることができる。

ただし，公平の観点から，引き渡された目的物が契約の内容に適合しなかったとしても，それが買主の責めに帰すべき事由によるものであるときは，買主は履行の追完の請求をすることができない（新法第562条第２項）。

b　代金減額請求

引き渡された目的物が契約の内容に適合しない場合において，買主が売主に対して相当の期間を定めて履行の追完の催告をし，その期間内に履行の追完がないときは，買主は代金減額請求をすることができる（新法第563条第１項）。

もっとも，次の各場合には，売主に履行の追完の機会を与える必要がないことから，買主は催告をせずに代金減額請求をすることができる（新法第563条第２項）。この要件は催告をしないでする解除の要件（新法第542条）と同様の観点から設けられている。

① 履行の追完が不能であるとき。

② 売主が履行の追完を拒絶する意思を明確に表示したとき。

③ 契約の性質又は当事者の意思表示により，特定の日時又は一定の期間内に履行をしなければ契約をした目的を達することができない場合において，売主が履行の追完をしないでその時期を経過したとき。

④ ①から③までのほか，買主が催告をしても履行の追完を受ける見込みがないことが明らかであるとき。

ただし，公平の観点から，引き渡された目的物が契約の内容に適合しなかったとしても，それが買主の責めに帰すべき事由によるものであるときは，買主は代金減額請求をすることができない（新法第563条第３項）。

c　損害賠償請求及び解除

新法においては，特定物売買と不特定物売買とを区別することなく売主は一般に種類，品質及び数量に関して売買契約の内容に適合した目的物を引き渡す債務を負うことを前提に，引き渡された目的物が契約の内容に適合しない場合には債務は未履行であるとの整理をしている。そのため，損害賠償請求及び解除については，債務不履行の一般的な規律（新法第415条，第541条，第542条）がそのまま適用されるものであり，規定上もこのことを明確にしている（新法第564条）。これにより，例えば，損害賠償請求には売主の帰責事由が必要となり（新法第415条第１項ただし書），賠償の範囲は履行利益にまで及び得る（新法第416条）。また，契約の解除をするためには原則として履行の追完の催告が必要となる（新法第541条）。

なお，目的物の瑕疵等についての買主の善意等は，損害賠償請求や解除の要件ではない。売主や買主が目的物のキズの存在を知っていたか否かといった事情は，どのような品質の目的物を引き渡すことを内容とする契約であったのかを確定する際にその判断要素となる。また，「残存する部分のみであれば買主がこれを買い受けなかったとき」（旧法第565条において準用する旧法第563条第２項参照）も，同様に解除の要件ではない。契約目的の不達成（旧法第570条において準用する旧法第566条参照）も，催告解除の要件ではない（新法第541条参照。なお，同条所定の要件の充足が別途必要となる。）。

(5)　移転した権利が契約の内容に適合しない場合における

売主の担保責任（新法第565条）

「売主が買主に移転した権利が契約の内容に適合しないものである場合」における買主の救済手段については，「引き渡された目的物が種類，品質又は数量に関して契約の内容に適合しないものである場合」（上記(4)参照）と同様の救済手段を設けている（新法第565条）。

(6)　担保責任の期間の制限等（新法第566条）

１年間の売主の担保責任の期間制限（旧法第566条第３項，第570条）に関し，この期間制限は買主の権利を大きく制限することになるため，売主の期待を保護する必要性が認められる類型に限るべきであること等を理由に，新法においては，これは，引き渡された目的物が種類又は品質に関して契約の内容に適合しない場合にのみ適用されるとしている。他方で，引き渡された目的物が数量に関して契約の内容に適合しない場合や移転した権利が契約の内容に適合しない場合については，比較的外見上明らかであることが多いと考えられることから，期間制限は適用されない（新法第566条本文）。

また，旧法の下で，判例は，目的物の瑕疵に係る担保責任についての買主の権利を保存するためには，「具体的に瑕疵の内容とそれに基づく損害賠償請求をする旨を表明し，請求する損害額の算定の根拠を示すなどして，売主の担保責任を問う意思を明確に告げる必要がある」としていたが，買主の負担を軽減する観点から，新法においては，買主が担保責任に関する権利を保存するための要件を改め，買主は，目的物が契約の内容に適合しないことを知った時から1年以内にその旨を売主に通知しなければ，履行の追完請求等をすることができないとしている（新法第566条）。

さらに，売主が引渡しの時に引き渡した目的物が契約の内容に適合しないことを知り，又は重大な過失によって知らなかったときは，そのような売主を保護すべき理由はないから，新法においては，この場合には1年間の期間制限は適用がないとしている（新法第566条ただし書）。

(7)　目的物の滅失等についての危険の移転（新法第567条）

売買の目的物が買主に引き渡された場合において，それ以後に目的物が当事者双方の責めに帰することができない事由によって滅失・損傷したときは，その危険は買主に負担（移転）させるのが公平であることを踏まえ，買主は，その滅失・損傷を理由として，履行の追完の請求等の権利を行使することができないとしている（新法第567条第1項前段）。

また，売主が契約の内容に適合する目的物をもって，その引渡しの債務の履行を提供したにもかかわらず，買主がその履行を受けることを拒み，又は受けることができない場合において，その履行の提供があった時以後に当事者双方の責めに帰することができない事由によってその目的物が滅失し，又は損傷したときも，買主は，その滅失・損傷を理由として，履行の追完の請求等の権利を行使することができないとしている（新法第567条第２項）。

⑻　競売における担保責任（新法第568条）

旧法第568条は，競売の場合において，買受人が債務者との間で契約の解除等をすることができることを定めていたが，その根拠となっている売主の担保責任の規定を改正することに伴い，同条の内容を整理し，目的物等に契約不適合がある場合（目的物の種類又は品質に関する契約不適合がある場合を除く。）については，契約の解除，代金減額の請求，損害賠償の請求等をすることができるとしている（新法第568条）。他方で，履行の追完の請求（新法第562条参照）は，認められておらず，そのため，契約の解除や代金減額の請求をする際に，履行の追完の催告は不要であると解される。

また，旧法が「強制競売」としている点を，「民事執行法その他の法律の規定に基づく競売」として広く競売一般において担保責任が認められることを文言上明確化している（新法第568条）。

⑼　代金の支払の拒絶（新法第576条・第577条）

旧法第576条は，いったん取得した「権利の全部又は一部を失うおそれがある」ときには買主に代金支払拒絶権を認めていたが，売主と買主の公平の観点から，これに限らず，権利を取得することができないおそれがあるときも代金支払拒絶権を行使することができると解されているため，その旨を明確化している（新法第576条）。

また，旧法第577条は，抵当権等の登記がある場合における買主の代金支払拒絶権を定めるが，抵当権等の登記があることを前提として売買契約が締結された場合には適用がないと解されているため，「契約の内容に適合しない」との文言を挿入し，その旨を明確化している（新法第577条）。

⑽　買戻し（新法第579条・第581条）

買戻権を行使する際に売主が返還すべき金銭の範囲について，旧法第579条は，代金及び契約の費用に限定しており，当事者間の合意で定めることを認めていなかったが，合理性に乏しいことから，合意により定めた金額及び契約の費用とすることもできるとしている（新法第579条）。

また，旧法第581条第２項は，登記をした賃借人の権利は残存期間中１年を超えない期間に限り売主に対抗することができるとするが，これは，買戻しの特約の登記後に賃借権について対抗要件を具備した，買戻しに後れる賃借人の権利を保護するものであると解されているので，その旨を明確にしている（新法第581条第２項）。

６　消費貸借

消費貸借に関する主な改正事項は，次のとおりである。

⑴　諾成的消費貸借（新法第587条の２）

旧法の規定上は消費貸借は目的物の交付を要する要物契約であるとされていたが，判例は，目的物の交付がなくとも当事者間の合意に基づき貸主に目的物を貸すことを義務付ける契約（諾成的消費貸借）をすることができるとしていたことを踏まえ，新法においては，諾成的消費貸借に関する規定を新設しているが，他方で，その成立には書面又は電磁的記録を要するとしている（新法第587条の２第１項・第４項）。なお，目的物の交付によって消費貸借の効力が生ずるという特約は当然ながら有効であり，書面等によってする消費貸借についても同様であるから，書面等が作成されれば常に諾成的消費貸借となるというものではない。また，目的物の交付前には借主に特別の解除権が認められる（新法第587条の２第２項）。

なお，この解除権の行使によって貸主に損害が現に発生した場合には，貸主は損害賠償の請求をすることができる（新法第587条の２第２項後段）。もっとも，諾成的消費貸借の借主に目的物を借りる債務を負わせないために特別の解除権を付与したという解除権創設の趣旨に鑑みれば，この場合に損害賠償を請求することのできる損害としては，貸主が貸出用の金銭等を調達するために負担した費用相当額等にとどまると解され，現実に目的物の交付を受けていないにもかかわらず弁済期までの利息相当額が損害となるなどと解する余地はないと考えられる。

そのほか，旧法下でも，借主が貸主から金銭その他の物を受け取る前に当事者の一方が破産手続開始の決定を受けたときは，諾成的消費貸借は，その効力を失うと解されていたことから，新法においては，その旨を明文化している（新法第587条の２第３項）。

⑵　準消費貸借（新法第588条）

旧法第588条は，消費貸借によらない物の返還債務を負う場合にその物を消費貸借の目的とする消費貸借（準消費貸借）を成立させることができるとしていたが，判例は，消費貸借による物の返還債務を負う場合にその物を消費貸借の目的とする準消費貸借も認めていたことから，文言上もその旨を明確化している（新法第588条）。

⑶　利息（新法第589条）

旧法に明文の規定はないが，貸主は，特約がなければ，借主に対して利息を請求することができないと一般に解されており，かつ，判例は，利息の特約があるときであっても借主に請求することができるのは，借主が消費貸借の目的である金銭等を受け取った日以後の利息であるとしていたことを踏まえ，新法においては，それらを明文化している（新法第589条）。

⑷　貸主の担保責任（新法第590条）

無利息消費貸借は目的物の所有権を無償で移転させる点で贈与と共通することから，新法においては，無利息消費貸借の担保責任に関し，貸主について，贈与者の引渡義務等に関する新法第551条を準用するなどしている（新法第590条第１項）。

また，旧法は，無利息消費貸借の目的物に瑕疵があった場合に，借主は，その物自体ではなく物の価額を返還することができると定めていたが（旧法第590条第２項），利息付きの消費貸借の目的物に瑕疵があった場合も同様であると一般に解されていたことから，新法においては，利息の特約の有無にかかわらず，貸主から引き渡された物が種類又は品質に関して契約の内容に適合しないものであるときは，借主は，その物の価額を返還することができるとしている（新法第590条第２項）。

⑸　期限前弁済と損害賠償（新法第591条）

旧法の下では，目的物の返還時期の定めがある場合においても，借主はいつでも返還することができると一般に解されていたことを踏まえ，新法においては，貸主は，返還の時期の定めの有無にかかわらず，いつでも返還することができるとし，かつ，当事者が返還の時期を定めた場合において，貸主は，借主がその時期の前に返還をしたことによって損害を受けたときは，借主に対し，その賠償を請求することができるとしている（新法第591条第２項・第３項）。

なお，旧法の下においては，旧法第136条第２項を根拠に，利息付きの金銭消費貸借において，借主が弁済期の前に金銭を返還した場合であっても，貸主は，借主に対し，弁済期までの利息相当額を請求することができると解するのが一般的であった。しかし，新法においては，弁済期の定めがある利息付きの金銭消費貸借において，貸主は，期限前の返還によって損害を受けたときは，借主に対し，その賠償を請求することができることを規定するにとどめ（新法第591条第３項），現実に損害が発生していないにもかかわらず，利息相当額を当然に請求することができる旨の規定は設けていない。損害が現に生じているとして利息相当額の賠償を請求することができるのかは，個々の事案における解釈・認定によるが，返済を受けた資金を他へ転用することができることからすると，実際に，損害賠償が認められるのは，例えば，事業者間の取引における高額の貸付けのように，期限前に返済を受けたとしても金銭を再運用することが実際上困難であり，他方で返済期限までの利息相当額を支払ってもらうことの代わりとして利率が低く抑えられていたようなケースなどに限られると解すべきである。

７　使用貸借

使用貸借に関する主な改正事項は，次のとおりである。

⑴　諾成契約化（新法第593条・第593条の２）

旧法においては，使用貸借は要物契約とされていたが，当事者の合意のみで契約を成立させ，貸主に目的物を無償で貸すことを義務付けることもできると解されていたことを踏まえ，新法においては，使用貸借を諾成契約に改めた上で（新法第593条），貸主は，借主が借用物を受け取るまでは，書面による場合を除き，契約の解除をすることができるとしている（新法第593条の２）。

⑵　貸主の担保責任（新法第596条・第551条）

新法においては，使用貸借の貸主は，借主に対し，種類，品質及び数量に関して契約の内容に適合した目的物を引き渡す債務を負うことを前提とした上で，無償契約であることに鑑み，貸主の責任を軽減する観点から，使用貸借の目的として特定した時の状態でその目的物を引き渡すことを合意していたものと推定するとしている（新法第596条において準用する新法第551条第１項）。

⑶　使用貸借の終了（新法第597条・第598条）

使用貸借のルールを明快なものとするため，それが生じれば当然に使用貸借が終了するものを使用貸借の終了の原因とし（新法第597条），当事者の意思表示によって使用貸借を終了させる行為を解除と位置付けた上で（新法第598条），解除によっても使用貸借が終了すると整理している。

⑷　収去義務・原状回復義務（新法第599条）

旧法の下では，明文の規定はなかったが，使用貸借が終了したときに，借主は借用物に附属させた物を収去する義務があり，借用物に生じた損傷を原状に復する義務もあると一般に解されていたことから，これらを明文化するなどしている（新法第599条第１項・第３項）。

⑸　損害賠償請求権についての消滅時効の完成の猶予（新法第600条）

借主の用法違反による貸主の損害賠償請求権については，貸主が借用物の状況を把握することができないうちに消滅時効が完成してしまわないようにするため，貸主が返還を受けた時から１年を経過するまでは，消滅時効の完成を猶予している（新法第600条第２項）。

８　賃貸借

賃貸借に関する主な改正事項は，次のとおりである。

(1)　短期賃貸借（新法第602条）

旧法第602条は短期賃貸借に関する規定を置いていたが，未成年者や成年被後見人など行為能力の制限を受けた者が長期・短期を問わず賃貸借をすることができるか否かは，行為能力制度に関する規定によって決せられるにもかかわらず，「処分につき行為能力の制限を受けた者」は短期賃貸借のみをすることができるとする同条があることによって，未成年者や成年被後見人であっても短期賃貸借であれば単独で有効にすることができるとの誤解も招きかねない。そこで，「処分につき行為能力の制限を受けた者」の文言を削除している（新法第602条）。

また，旧法第602条は，処分の権限を有しない者について，同条各号に定める期間の賃貸借のみをすることができると定めていたが，その期間を超える約定をした場合の取扱いについては，明文の規定はなかった。処分の権限を有しない者がする賃貸借を短期に限定した趣旨は，長期に及ぶ賃貸借により当事者に対する拘束が大きくなることを防ぐことにあり，法定の期間を超える部分のみを無効とすれば足りることを踏まえ，新法においては，その旨を明文化している（新法第602条後段）。

(2)　賃貸借の存続期間（新法第604条）

旧法の下では，借地借家法等の特別法の適用のない賃貸借については，存続期間の上限は20年とされていたが，太陽光パネルの敷設用地の賃貸借など存続期間を20年以上とする現実的なニーズがあることを考慮し，これを50年に伸長するなどしている（新法第604条）。

⑶　賃借物の修繕（新法第606条・第607条の２）

賃貸借契約の当事者間の公平を図る観点から，賃借人の責めに帰すべき事由によって修繕が必要となった場合には，賃貸人は修繕義務を負わないとしている（新法第606条第１項ただし書）。

また，旧法においては，賃借人がどのような場合に賃借物を修繕することができるかが不明確であったことから，その要件に関する規定を新設している。具体的には，①賃借人が賃貸人に修繕が必要である旨を通知し，又は賃貸人がその旨を知ったにもかかわらず，賃貸人が相当の期間内に必要な修繕をしないときか，②急迫の事情があるときには，賃借人は賃借物の修繕をすることができるとしている（新法第607条の２）。なお，この規定に従い賃借人が修繕を行った場合において，その修繕につき賃貸人が義務を負っていたときは（新法第606条第１項），賃借人は，賃貸人に対して，必要費の償還を請求することができる（民法第608条第１項）。

⑷　耕作又は牧畜を目的とする土地の賃料の減額・賃貸借の解除（新法第609条・第610条）

旧法では，小作人の保護を目的として，「収益を目的とする土地で宅地でないもの」の賃貸借については，賃借人が不可抗力によって賃料より少ない収益を得たときには，賃借人は賃貸人に賃料の減額請求や場合によっては解除もすることができるとしていた（旧法第609条，第610条）が，小作人の保護を目的とするのであれば，その対象となる土地を限定するのが適切であることから，新法では，「耕作又は牧畜を目的とする土地」に限定して賃料の減額請求及び契約の解除をすることができるとしている（新法第609条，第610条）。

(5)　賃借物の滅失等による賃料の減額（新法第611条第1項）

旧法第611条第1項は，その文言上は賃借物の一部が滅失した場合に賃借人に賃料減額請求を認めていたが，一般に，賃料減額は，賃借物の一部が滅失した場合に限らず「賃借物の一部が滅失その他の事由により使用及び収益をすることができなくなった場合」にも認められると解されていたため，新法では，このことを明文化するとともに，賃料は，この場合には，減額請求をしなくとも当然に減額されるとするなどしている（新法第611条第1項）。

(6)　賃借物の滅失等による賃貸借の解除・終了（新法第611条第2項・新法第616条の2）

旧法第611条第2項は，これを反対解釈すると，賃貸物の一部滅失につき賃借人に過失があるときは，賃借人は，たとえ契約の目的を達することができなくとも，契約の解除をすることはできないことになるが，契約の目的を達することができないにもかかわらず，賃貸借契約を存続させることは合理的ではないため，新法では，賃借物の一部滅失等によって使用収益をすることができなくなり，契約の目的を達することができないときには，賃借人の責めに帰すべき事由による場合であっても，賃借人は，契約の解除をすることができるとしている（新法第611条第2項）。

また，判例に従い，賃借物の全部が使用収益をすることができなくなった場合には，賃貸借は終了するとしている（新法第616条の2）。

(7)　転貸借（新法第613条）

一般的な解釈を踏まえ，転借人は，原賃貸借に基づく賃借人の債務の範囲を限度として，賃貸人に対して転貸借に基づく債務を直接履行する義務を負う旨を明文化している（新法第613条第1項本文）。

また，判例に従い，賃借人が適法に賃借物を転貸した場合には，賃貸人は，賃借人の債務不履行による解除権を有していたときを除き，賃借人との間の賃貸借（原賃貸借）を合意により解除したことをもって転借人に対抗することができないとしている（新法第613条第3項）。

(8)　賃借人の原状回復義務及び収去義務（新法第621条・第622条等）

現在の裁判実務を踏まえ，賃貸借が終了したときは，①賃借人が賃借物を受け取った後にこれに生じた損傷については賃借人が原状回復義務を負うが，②通常の使用収益によって生じた賃借物の損耗や賃借物の経年変化については原状回復義務を負わず，また，③賃借物の損傷が賃借人の責めに帰することができない事由によるときは原状回復義務を負わない旨を明文化している（新法第621条）。

また，一般的な解釈に従い，賃借人が賃借物に附属させた物について，賃貸借が終了したときは，賃借人は収去義務を負う旨を明文化している（新法第622条において準用する新法第599条第１項）。

⑼　損害賠償請求権についての消滅時効の完成の猶予（新法第622条・第600条）

賃借人の用法違反による賃貸人の損害賠償請求権については，賃貸人が賃貸物の返還を受けた時から１年を経過するまでは，消滅時効の完成を猶予している（新法第622条において準用する新法第600条第２項。上記７⑸参照）。

⑽　敷金（新法第622条の２）

敷金の定義を定める規定を設けたほか（新法第622条の２第１項柱書き），判例に従い，敷金に関する基本的な規律として，賃貸借が終了して賃借物が返還されたときなどに敷金返還債務が生ずることや，返還すべき額は受け取った敷金の額からそれまでに賃貸借に基づいて生じた金銭債務の額を控除した残額であることなどを明文化している（新法第622条の２）。

⑾　不動産の賃貸借（新法第605条～第605条の４）

旧法第605条は，登記をした不動産の賃貸借について，

「不動産について物権を取得した者に対しても，その効力を生ずる」と規定していたが，判例は，この規定により対抗力を備えた賃貸人は，当該不動産について二重に賃借権の設定を受けた者など物権を取得した者ではない対抗関係にある第三者にも，賃貸借を対抗することができるとしていたため，新法においては，登記をした不動産の賃貸借は，「不動産について物権を取得した者その他の第三者」に「対抗することができる」としている（新法第605条）。

賃貸借の対抗要件を備えた賃貸不動産が譲渡された場合における賃貸人たる地位について，判例に従い，原則として，賃貸人たる地位は譲渡人から譲受人に移転するとした上で，実務上のニーズを踏まえ，不動産の譲渡人及び譲受人の合意により，例外的に，賃貸人たる地位は，譲受人に移転しないとすることを認めている（新法第605条の２）。

また，賃貸借の対抗要件を備えていない賃貸不動産が譲渡された場合における賃貸人たる地位について，判例に従い，不動産の譲渡人と譲受人との合意により，賃借人の承諾を要することなく，賃貸人たる地位を譲受人に移転することができるとしている（新法第605条の３前段）。

さらに，不動産の譲渡に伴って賃貸人の地位を承継した不動産の譲受人が賃借人に対してこれを対抗するための要件について，判例に従い，その譲渡に係る所有権の移転の登記をしなければ，賃借人に対抗することができないとしている（新法第605条の２第３項，第605条の３後段）。

加えて，不動産の譲渡に伴って賃貸人たる地位が移転した場合における費用償還債務や敷金返還債務について，判例に従い，譲受人に承継されるとしている（新法第605条の２第４項，第605条の３後段）。

さらに，旧法の下で，判例は，不動産の賃借人は，対抗要件を備えた場合には，不動産の占有を妨害している第三者に対しては妨害の停止の請求をすることができ，不動産を占有している第三者に対しては返還の請求をすることができるとしていたことから，この判例を明文化している（新法第605条の４）。

９　雇用

雇用に関する主な改正事項は，次のとおりである。

⑴　割合報酬（新法第624条の２）

一般的な解釈を踏まえ，使用者の責めに帰することができない事由によって労働に従事することができなくなった場合又は雇用が履行の中途で終了した場合には，労働者は既にした履行の割合に応じて報酬を請求することができるとしている（新法第624条の２）。なお，使用者に帰責事由がある場合には，報酬全額の請求をすることができる（新法第536条第２項）。

⑵　雇用の解除又は解約（新法第626条・第627条）

期間の定めのある雇用について，その期間を当事者等の終身の間とする場合だけでなく，期間の終期が不確定である場合一般について，その期間が長期にわたることによる弊害を防止するため，当事者の一方は，５年を経過した後，いつでも契約の解除をすることができるとしている（新法第626条第１項）。その上で，商工業の見習を目的とする雇用の解除に関する特則（旧法第626条第１項ただし書）について，立法当時に想定された幼年の労働者の見習を目的とした長期にわたる契約が現代では見られなくなるなど規定の必要性が失われていることから，これを廃止している。

また，旧法では，期間の定めのある雇用について，労働者及び使用者のいずれが解除をする場合でも３箇月前にその予告をしなければならないとしていたが（旧法第626条第２項），新法では，労働者からの解除については，２週間前にその予告をすれば足りるとしている（新法第626条第２項）。

さらに，旧法では，期間の定めのない雇用のうち期間によって報酬を定めたものについて，労働者及び使用者のいずれが解約の申入れをする場合でも，①６箇月未満の期間によって報酬を定めた場合には当期の前半に次期以後の解約の申入れをすることが，②６箇月以上の期間によって報酬を定めた場合には３箇月前に解約の申入れをすることが，それぞれ必要であったが（旧法第627条第２項・第３項），新法では，労働者からの解約の申入れについては，いつでも解約の申入れができ，申入れの日から２週間を経過することによって雇用が終了するとしている（新法第627条）。

10　請負

請負に関する主な改正事項は，次のとおりである。

⑴　割合報酬（新法第634条）

判例を踏まえて，注文者の責めに帰することができない事由によって仕事を完成することができなくなった場合又は請負が仕事の完成前に解除された場合において，請負人は，既にした仕事の結果が一定の要件を満たすときは，注文者が受ける利益の割合に応じて報酬を請求することができるとしている（新法第634条）。なお，注文者に帰責事由がある場合には，報酬全額の請求をすることができる（新法第536条第２項）。

⑵　請負人の担保責任（新法第635条～第640条等）

仕事の目的物が契約の内容に適合しない場合の請負人の担保責任について，売買の担保責任と大きく異なる規律とする合理性に乏しいことから，基本的に民法第559条により売買の担保責任の規定を準用することで売買と同様の規律が及ぶものとした上で，売買と重複する規定や合理性の認められない規定（旧法第634条，第635条，第638条～第640条）を削除するなどして規定を整理している（なお，請負に特有の担保責任に関する規定としては新法第636条，第637条がある。）。

例えば，旧法第635条ただし書は，仕事の目的物に瑕疵があり，そのために契約目的を達成することができない場合であっても，仕事の目的物が建物その他の土地の工作物であるときは，注文者は契約の解除をすることができないとしていたが，この規定を削除し，仕事の目的物が建物その他の土地の工作物であるときでも，注文者は契約の解除をすることができるとしている。ただし，債務不履行による契約の解除の一般的な規律に従う必要があるため，無催告で解除をする場合には契約目的を達成することができないことなどが要件となり（新法第542条），催告をして解除をする場合には，不履行の程度が軽微でないことなどが要件となる（新法第541条）。

⑶　注文者についての破産手続の開始による解除（新法第642条）

旧法の下では，注文者が破産手続開始の決定を受けた場合に請負人が有する解除権（旧法第642条）について，文言上の限定がないために仕事の完成後であってもこれを行使することができると解されていたが，仕事の完成後には請負人が仕事の完成に向けて新たな役務の提供をすることがなく，損害の拡大を避けるために契約の解除を認める必要はないことから，新法では，仕事の完成後は，請負人は破産手続の開始による解除をすることができないとしている（新法第642条第１項ただし書）。

11　委任

委任に関する主な改正事項は，次のとおりである。

⑴　復受任（新法第644条の２）

復受任者の選任要件について，一般的な解釈に従い，代理に関する民法第104条と同様に，委任者の許諾を得たこと又はやむを得ない事由があることを要する旨を明文化している（新法第644条の２第１項）。

また，代理権を有する受任者が代理権を有する復受任者を選任した場合の委任者と復受任者との関係について，復代理に関する新法第106条第２項（旧法第107条第２項）と同様に，復受任者が委任者に対して，その権限の範囲内において，受任者と同一の権利を有し，義務を負う旨を明確化している（新法第644条の２第２項）。

⑵　報酬（新法第648条・第648条の２）

旧法では，履行の中途で委任が終了したことについて受任者に帰責事由がない場合にのみ既にした履行の割合に応じて報酬を請求することができたが（旧法第648条第３項），新法では，委任者の責めに帰することができない事由によって委任事務の履行をすることができなくなった場合又は委任が履行の中途で終了した場合には，履行の割合に応じて報酬を請求することができるとしている（新法第648条第３項）。なお，委任者に帰責事由がある場合には，報酬全額の請求をすることができる（新法第536条第２項）。

また，成果に対して報酬を支払う旨の合意がされた場合に関する規定を設け，その成果が引渡しを要するものである場合の報酬の支払時期について引渡しと同時に支払わなければならないとし（新法第648条の２第１項），成果が得られる前に，委任事務の履行をして成果を得ることができなくなった場合又は委任が解除された場合には，一定の要件の下で，受任者は，割合報酬を請求することができる（同条第２項において準用する新法第634条）などとしている。

⑶　委任の解除と損害賠償（新法第651条）

委任の解除に際して損害賠償をしなければならない場合として，判例を踏まえ，委任者が受任者の利益（専ら報酬を得ることによるものを除く。）をも目的とする委任を解除した場合を追加している（新法第651条第２項）。

12　寄託

寄託に関する主な改正事項は，次のとおりである。

⑴　諾成契約化（新法第657条・第657条の２）

旧法は寄託物の交付を寄託の成立要件としていたが，実務上は当事者間の合意のみに基づき寄託物の引取りを受寄者に義務付ける契約（諾成的寄託）が広く利用されていたため，寄託を合意のみで成立する諾成契約とするなどしている（新法第657条，第657条の２）。

⑵　再寄託（新法第658条）

寄託者の承諾を得た場合だけでなく，受寄者にやむを得ない事由がある場合にも，受寄者は寄託物を第三者に保管させることができるとするなど，再寄託に関する規律を見直している（新法第658条第２項・第３項）。

⑶　寄託物の返還時期の定めと損害賠償（新法第662条）

寄託物の返還時期を定めた場合において，その時期の前に寄託者が返還請求をしたことによって受寄者が損害を受けたときについて，一般的な解釈に従い，受寄者は，寄託者に対し，その賠償を請求することができるとしている（新法第662条第２項）。

⑷　損害賠償請求権等についての消滅時効の完成の猶予（新法第664条の２）

寄託物の一部滅失又は損傷があった場合の寄託者の損害賠償請求権や受寄者が寄託物に関して費用を支出した場合の受寄者の費用償還請求権について，賃貸借や使用貸借についての期間制限の規定（新法第600条，第622条）を参考に，これらの請求権は寄託物の返還から１年以内に請求しなければならないとするとともに，寄託者の損害賠償請求権については，寄託者が返還を受けた時から１年を経過するまでは，時効の完成を猶予している（新法第664条の２）。

⑸　混合寄託（新法第665条の２）

混合寄託について，旧法には明文の規定がなかったが，新法においては，一般的な解釈を踏まえ，各寄託者の承諾を要件とするなど基本的な規定を新設している（新法第665条の２）。

⑹　消費寄託（新法第666条）

消費寄託について，旧法では消費貸借の規定を包括的に準用し，寄託の規定をそのまま適用していなかったが（旧法第666条第１項），新法においては，消費寄託も寄託の一種であることを踏まえ，原則として寄託の規定を適用するものとし，消費貸借の規定を準用する範囲を見直している（新法第666条）。

13　組合

組合に関する主な改正事項は，次のとおりである。

⑴　組合員の債務不履行と意思表示の無効・取消し（新法第667条の２・第667条の３）

組合契約の効力に関して，旧法には他の組合員に債務不履行があった場合に関する規定はなかったが，新法では，組合契約の特殊性に配慮し，同時履行の抗弁（新法第533条）及び危険負担（新法第536条）に関する規定は組合契約に適用しないほか（新法第667条の２第１項），組合契約は債務不履行を理由として解除することができないとしている（同条第２項）。また，組合員の一人について意思表示の無効又は取消しの原因があった場合についても，他の組合員の間においては組合契約の効力が妨げられないとしている（新法第667条の３）。

⑵　業務の決定・執行と代理（新法第670条・第670条の２）

組合の業務の決定･執行（対内関係）と組合の代理（対外関係）に関して，旧法はこれらを明確に区別して規定を設けていなかったが，新法では，これらを区別した上で，対内関係についてより詳細なルールを設けるとともに（新法第670条），旧法に規定がなかった対外関係のルールについて，判例の趣旨に従い，業務の決定・執行と基本的に同様の要件の下で組合員や業務執行者が他の組合員を代理することができるとしている（新法第670条の２）。

⑶　組合財産（新法第675条・第677条）

組合の債権者（組合財産を引当財産とする債権者）による権利行使に関して，一般的な解釈に従い，組合の債権者は，組合財産についてその権利を行使することができる旨を明文化するとともに（新法第675条第１項），組合の債権者は，原則として組合員の損失分担割合又は均等割合のいずれかを選択して各組合員に対して権利を行使することができるとしている（同条第２項）。

また，組合員の債権者による権利行使に関して，一般的な解釈に従い，組合員の債権者は組合財産についてその権利を行使することができない旨を明文化している（新法第677条）。

⑷　組合員の持分の処分（新法第676条）

組合員の持分の処分に関して，判例に従い，組合員は，組合財産である債権について，自らの持分についての権利を単独で行使することができない旨を明文化している（新法第676条第２項）。

⑸　組合員の加入（新法第677条の２）

組合員の加入に関して，一般的な解釈に従い，組合員は，組合員全員の同意によって，又は組合契約の定めるところにより，新たに組合員を加入させることができる旨を明文化するとともに，組合の成立後に加入した組合員の責任についても，一般的な解釈に従い，加入前に生じた組合の債務については責任を負わない旨を明文化している（新法第677条の２）。

⑹　脱退した組合員の責任等（新法第680条の２）

脱退した組合員の責任等に関して，一般的な解釈に従い，脱退前に生じた組合の債務について引き続き責任を負うことを明文化するとともに，脱退した組合員と組合との権利関係を整理している（新法第680条の２）。

⑺　組合の解散事由（新法第682条）

組合の解散事由に関して，旧法には組合の目的である事業の成功又はその成功の不能のみが規定されていたが，新法では，①組合契約で定めた存続期間の満了，②組合契約で定めた解散の事由の発生，③総組合員の同意の各事由を追加している（新法第682条）。

第６　その他（根抵当権の改正等。新法第398条の２等）

改正法においては，「民法（債権関係）の改正に関する要綱」に基づく債権関係の規定の見直しと併せて，電子記録債権を根抵当権の担保すべき債権とすることができることを，従前の登記実務の取扱い（平成24年４月27日第1106号法務省民事局民事第二課長通知においては，「手形上又は小切手上の請求権」を根抵当権の被担保債権とすることができるとする旧法第398条の２第３項及び第398条の３第２項の類推適用により，電子記録債権も根抵当権の被担保債権とすることができるという解釈を採っている。）を踏まえて明文化するため，民法第398条の２及び第398条の３の改正を行っている。

このほか，民法第２編及び第５編の若干の関係規定についても，債権関係の規定の見直しを踏まえた整備をしている。

第7　施行日

改正法の施行日は，十分な周知期間と施行までの準備期間を設ける観点を踏まえ，「民法の一部を改正する法律の施行期日を定める政令（平成29年政令第309号）」により，令和２年（2020年）４月１日とされた。

ただし，定型約款と保証の経過措置に関し，例外がある。

定型約款に関しては，施行日前に締結された契約にも，改正後の民法が適用されるが（改正法附則第33条第１項本文），当事者の一方が施行日前（令和２年（2020年）３月31日まで）に書面又は電磁的記録により反対の意思表示をすれば，改正後の民法は適用されない（同条第２項・第３項）。この反対の意思表示に関する規定は平成30年４月１日から施行されている（なお，この反対の意思表示に関する詳細は，別途，法務省ホームページ上の『定型約款に関する規定の適用に対する「反対の意思表示」について』（本書171ページに掲載）参照。）。

また，事業のために負担した貸金等債務等を保証する保証契約は一定の例外がある場合を除き，事前に公正証書が作成されていなければ無効となるが（新法第465条の６等），施行日から円滑に保証契約の締結をすることができるよう，施行日前から公正証書の作成を可能とすることとされている（改正法附則第21条第２項・第３項）。この規定は令和２年（2020年）３月１日から施行される。

（参考資料）

定型約款に関する規定の適用に対する「反対の意思表示」について

定型約款に関しては，施行日前に締結された契約にも，改正後の民法が適用されますが，**平成30年（2018年）4月1日から，施行日前（平成32年（2020年）3月31日まで）**に反対の意思表示をすれば，改正後の民法は適用されないこととされています（改正法附則第33条第2項・第3項参照）。

反対の意思表示に関するご注意

※　**反対の意思表示がされて，改正後の民法が適用されないこととなった場合には，施行日後も改正前の民法が適用される**ことになります。もっとも，改正前の民法には約款に関する規定がなく，確立した解釈もないため，法律関係は不明瞭と言わざるを得ません。改正後の民法においては，当事者双方の利益状況に配慮した合理的な制度が設けられていますから，**万一，反対の意思表示をするのであれば，十分に慎重な検討を行っていただく必要があります**。

※　契約又は法律の規定により解除権や解約権等を現に行使することができる方（契約関係から離脱可能な者）は，そもそも，反対の意思表示をすることはできないこととされていますので，ご注意ください。

※　反対の意思表示は，**書面やメール等により行う必要があります**。書面等では，後日紛争となることを防止するため，明瞭に意思表示を行うようご留意ください。

出典：法務省ウェブサイト（http://www.moj.go.jp/content/001242840.pdf）

民法（債権法）改正の解説

2019年６月27日　初版第１刷印刷　定 価：本体1,850円（税別）
2019年７月８日　初版第１刷発行　（〒実費）

不複 許製	著 者	村松秀樹 脇村真治
	発行者	坂巻　徹

発行所　東京都文京区本郷５丁目11-3　株式会社 テイハン
電話 03(3811)5312 FAX 03(3811)5545/〒113-0033
ホームページアドレス　http://www.teihan.co.jp

〈検印省略〉　印刷／太陽印刷工業株式会社
ISBN978-4-86096-111-4